男人是野生动物

女人是筑巢动物

Men Are Wild Animals

Women Are Nest-Building Animals

·纪念版·

曾子航 ———— 著

新星出版社　NEW STAR PRESS

图书在版编目（CIP）数据

男人是野生动物，女人是筑巢动物：纪念版／曾子航著．——2版．
——北京：新星出版社，2019.8
ISBN 978-7-5133-3610-9

Ⅰ．①男… Ⅱ．①曾… Ⅲ．①爱情-通俗读物②婚姻-通俗读物
Ⅳ．① C913.1-49

中国版本图书馆 CIP 数据核字（2019）第 122359 号

男人是野生动物，女人是筑巢动物（纪念版）

曾子航 著

责任编辑： 李文彧
责任校对： 刘　义
责任印制： 李珊珊
装帧设计： 冷暖儿

出版发行：新星出版社
出 版 人：马汝军
社　　址：北京市西城区车公庄大街丙3号楼　　100044
网　　址：www.newstarpress.com
电　　话：010-88310888
传　　真：010-65270449
法律顾问：北京市岳成律师事务所

读者服务：010-88310811　　service@newstarpress.com
邮购地址：北京市西城区车公庄大街丙3号楼　　100044

印　　刷：北京美图印务有限公司
开　　本：910mm×1230mm　　1/32
印　　张：9
字　　数：192千字
版　　次：2019年8月第二版　　2019年8月第一次印刷
书　　号：ISBN 978-7-5133-3610-9
定　　价：45.00元

版权专有，侵权必究；如有质量问题，请与印刷厂联系调换。

目 录

总序：为什么说男人是野生动物，女人是筑巢动物 / 1

第1章 男人是角斗士，女人是助产士
一、男人都想当角斗士 / 18
二、"三不女人"最让男人魂牵梦萦 / 24
三、女人的神秘感该如何培养 / 33
四、女人不能倒追男人，可以引诱男人 / 40
五、女强人为何总是情场失意 / 50
六、聪明的女人要学会当个"助产士" / 59

第2章 男人是视觉动物，女人是听觉动物
一、好色是男人的天性 / 70
二、女人是用耳朵来恋爱的 / 77
三、女人一辈子听不够的话是"我爱你" / 81
四、患上"听觉饥渴"的女人容易上当受骗 / 88

第3章 男人是性爱动物，女人是感情动物
一、"性爱分裂症"是男人的劣根性 / 94
二、花心是男人的原罪 / 102
三、什么样的男人最不值得托付终身 / 112
四、痴情是女人永远的软肋 / 118

第4章 结婚：男人的一个阶段，女人的二次生命

一、男人天生都有一种狼性 / 128
二、男人为何总是把恋爱和结婚当成两码事 / 136
三、男人结婚多数是出于理性的责任 / 144
四、筑巢才是女人的本能 / 152
五、婚姻相当于女人的第二次生命 / 162
六、直接嫁给成功男人风险大 / 170
七、怎样让心上人主动向你求婚 / 176

第5章 婚后：男人需要独立，女人追求亲密

一、每个男人都有一个"洞穴" / 186
二、夫妻吵架的根源在哪里 / 194
三、适度的唠叨是女人表达亲密的一种方式 / 203
四、好男人：在外当"大狼狗"，回家做"哈巴狗" / 211

第6章 婚外出轨：男人偷性，女人寻情

一、女人在婚姻中容易走的两个极端 / 220
二、已婚男性属于典型的"外遇高发人群" / 229
三、男人的外遇只不过是去了趟"度假村" / 239
四、女人出轨相当于搭上一辆远行的列车 / 250
五、丈夫出轨之后，妻子该如何自救 / 258

第7章 男人需要尊重，女人需要疼爱

一、男人最大的情感需求是获得女人的尊重 / 268
二、幸福的女人都是被男人"疼"出来的 / 275

总序：为什么说男人是野生动物，女人是筑巢动物

（一）男人和女人，似乎是一对亲密的陌生人

很多女性读者都喜欢《飘》，喜欢根据这部小说改编的好莱坞经典影片《乱世佳人》，很多男人也都喜欢斯嘉丽，那个长着一双猫一样的绿眼睛的女子。不过，斯嘉丽的爱情之路却颇为坎坷，她错过了阿希礼，也最终失去了瑞德，生命中最重要的两个男人都与她擦肩而过。

为此，小说作者米切尔给出的答案是：因为斯嘉丽不了解。

那么，她究竟不了解什么呢？

少女时代对爱情满怀憧憬的她，在心中编织了一顶花冠，恰在这时，英俊的阿希礼骑着一匹马儿出现在她面前，于是，不管三七二十一，她就把这顶花冠给他戴上了。她从来不了解他是一个什么样的男人，她爱的只是自己心中的梦想——那顶花冠。因为这个幻影，她忽略了跟她一样桀骜不驯的瑞德，忽略了好多好多年。直到失去他的时候，她才发现，原来他早已是生命中不可或缺的那个人。

小说的结尾有这样一段话：总之，她对于他们两个始终都不曾了解，因而她把他们两个都失掉了。现在她才仿佛有点儿明白，假如她曾经了解阿希礼，她就始终不会爱他；假如她曾经了解瑞德，她也就始终不会失掉他。于是她不免疑惑起来，究竟世界上的男人有没有一个是自己真正了解的呢？

而少女时代的梦想，那顶花冠，已变成荆棘，刺痛她的心。

其实，不光是斯嘉丽，这个世界上关于爱情的悲剧大都是因为不了解。爱情使一对陌生人变成了情侣，然而，在他们分开的时候，却常常惊讶地发现原来彼此还是陌生人，不了解身边的另一半，甚至有时候也并不完全了解自己。

在接受各种情感咨询的时候，我经常会听到来自女性朋友们这样或那样的疑问：为什么我总是遇不到像爱情小说中所描绘的那样完美的爱情？为什么我总是找不到理想中的白马王子？为什么我身边的另一半总是让我揪心、失望？为什么他婚前和婚后变化如此之大？为什么我们总是在很多问题上看法不一样？步调不一致？为什么我总是觉得不了解他，无法走进他的内心世界？

那是因为现实生活中的男人跟言情小说家、偶像剧编剧笔下的白马王子其实是两码事，后者只是为了催眠读者而编出来的一个理想的光环，犹如某些作品中被神话的英雄。这种王子也好，英雄也罢，让女人在想象的爱河中迷醉，无法看清地球上这另一半人群的真实面目。不知不觉中，就像斯嘉丽一样编织着那顶也许注定会变成荆棘的花冠，给不合适的人戴上，最终，也成为刺痛自己的荆棘。

因此，**这是一本男人写给女人看的书，是一本帮助女人寻找和看清身边另一半的书。这本书想告诉善良而痴情的女人们，偶像剧和爱情小说之外真实的两性世界。**

这也是一本讲述男女有别的书。

我们每个人从小都接受了男女有别的概念。从摇篮一直到坟墓，人类文化对性别的强调也伴随着人的一生。我们在出生的时候就被赋予了某个性别，产科医生或助产士一旦看到我们的生殖器，就会宣布我们是男还是女。稍大点，从外部形态、第二性征乃至着装打扮、行为模式无不在强化男女有别这种观念。然而，一旦涉及男欢女爱、谈婚论嫁这些问题，我们又往往强调彼此之间的共同点，而忽略了彼此的差异性，因此两性之间的战争总是层出不穷，如今，婚外恋、离婚更是司空见惯。

古老民族的神话传说中，都有创世纪的传说。有一种说法，当初上帝造人之后，一看造出的东西都是两张脸、四只耳朵、四只眼睛，两个身体都往前，又弄不开，于是上帝下意识地拿起刀从中间劈下去，从此，一边是男人，一边是女人。很快，上帝就发现，分开之后的这对男女又好像舍不得彼此一样，相拥相抱起来，但没多久又互相打了起来。上帝乐了，说："你们看，这就是人类，这就是男人和女人，他们既统一又对立，既矛盾又和谐，既有彼此融合的一面，又有各自独立的一面。"

这个世界，是由男女两种性别组成的，男人离不开女人，女人也离不开男人，男人需要保护女人呵护女人，女人同样需要了解男人理解男人，男女还会恋爱，还要结婚成为夫妻。但有时候你会发现,两个相亲相爱的人生活在一个屋檐下,同睡在一张床上,大半辈子过去了,多数情况下却是你不了解我,我不理解你,有时沟通困难,有时又误会频生。男人和女人之间,似乎是一对亲密的陌生人。

为什么会这样呢?

因为,男人和女人是两种完全不同的生物群落,在美国著名两性情感作家约翰·格雷看来,男人来自火星,女人来自金星,他所著的同名畅销书在全球据说销售了两亿册;在中国伟大的小说家曹雪芹看来,男人是泥做的,女人是水做的,在《红楼梦》中,这句话经主人公贾宝玉之口说出来而广为流传。而在我看来,男女的区别在于——男人是野生动物,女人是筑巢动物。

把男人和女人称之为动物,绝对没有任何贬低或不敬的含义。从生物学的角度来看,人本来就是动物,达尔文进化论更是明确告诉我们,人类起源于动物。人类经过漫长的演变,虽然已经很先进、很文明了,但骨子里还是属于动物族群中的一员,只不过是高级一点的动物而已。西方很多生物学家和生理学家都坦承:人类本来就和动物无甚区别,在恋爱、择偶、做爱等关键时刻,往往还是人的动物属性在起作用。关于这点,下文还会谈到。

(二)把男人称为野生动物的三大理由

为什么说男人是野生动物呢?

首先,作为一个男人,要具备较强的野外生存本领,仿佛一只

在自然界中独自觅食的野生动物。

从自然环境恶劣、生存条件简陋的原始社会开始，男人就在外捕鱼狩猎，获取起码的生存权；到了硝烟四起的战争年代，男人又要靠建功立业来赢得功名利禄；如今在这个竞争激烈的商品社会，男人更得在外打拼，此时，追求地位和攫取财富还是男人首要的生存法则，这跟自然界中的野生动物总要占山为王是一个道理。连《圣经》中一开始，提到上帝造人，亚当就被告知，他必终身劳苦，才能从地里得到吃的，他必汗流满面才得糊口。

我们常说，男人要以事业为重，男人眼中的事业相当于野生动物眼中的食物，对四处觅食的野生动物来说，获取的食物越充足越丰厚就越强悍越霸道。对在外打拼的男人来讲，事业越成功越辉煌，则越有成就感越有异性缘，因为，千百年来，女性择偶的天平总是倾向于那些拥有地位和财富的成功男人。所以，逼得这些在野外生存的男人们无时无刻不以事业为重，事业是男人的奠基石，是男人的脊梁骨，是男人的擎天柱。没了事业，男人就像缺了地基的房屋一样瞬间坍塌，像瘫在床上的病号似的彻底报废。跟女人相比，男人更有竞争意识，更具探险精神，会为争夺权利、财富和地位而彼此争斗，这是男性首要的人生目标，这跟自然界中绝大多数野生动物都会为争夺食物和地盘而彼此厮杀大同小异，所以男人是野生动物。

其次，**男人都向往自由自在无拘无束的生活。这点男人很像狼这种野生动物，既有狼子野心，又很孤高傲世；既喜欢追逐猎物，又乐于漂泊游荡。**

男人在年轻的时候就跟野狼一样，不喜欢被固定拴在一个地方，喜欢不停地追求新的东西，喜欢冒险而刺激的人生，所谓"好男儿志在四方"，除非遇到一个他心仪已久的女人，他才会走进"动物园"（就是男人眼中的家），心甘情愿被她"圈养"起来。男人骨子里都是独行侠，总想在被钢筋水泥包围的都市丛林中，一骑快马绝尘而去。

男人也会筑巢，但男人筑巢是为了求偶，为了传宗接代（自古有"筑巢引凤"之说），男人一旦筑好巢就会将重心转向事业。事业才是男人最重要的擎天柱，男人可以缺了婚姻，但不能没了事业，男人永远把追逐事业当成人生的最高目标。

在美国2008年公映的影片《遗愿清单》中，三获奥斯卡影帝的美国老牌影星杰克·尼科尔森扮演一位行将就木的大企业家，他躺在病榻上回望自己的一生时，不由得感慨："我一生结了四次婚，都以失败告终。如果说我一生最重要的婚姻，恐怕就是我的这份事业了。"

最后，男人在性方面极易冲动，在恋爱的初级阶段习惯于主动出击，有好奇心有征服欲，似乎不达目的绝不罢休！这也跟自然界里的野生动物求偶时的疯狂举措如出一辙。

男人在感情方面经常左顾右盼游移不定，朝三暮四见异思迁，这也承袭了绝大多数野生动物的基因，野生动物在选择性伴侣时往往只图一时快感，不计任何后果。难怪有的小说家会戏言：要把男人首先看成动物，其次才是人；更有情感专家调侃：男人是种尚未进化好的动物。我们有时候会把滥情的男人称为"衣冠禽兽"，甚至干脆斥之为"禽兽不如"，就是因为男人身上的兽性显然更接近自然界里尚未驯化的野生动物。男人就是这样，外部特征虽已进化得"人模狗样"，其内心却仍是野性未驯。

任何人身上都存在着二元属性，既有社会属性又有自然属性，一个人的社会属性包括他的权势地位、经济水平、社会关系、人际交往等，而人的本能、欲望以及潜意识、下意识则毫无疑问隶属于他的自然属性，又叫动物属性。对于男人这种野生动物来讲，以上三点是他的自然属性，但男人的社会属性则是要建功立业，要结婚生子，要赡养妻儿。男人在外生存打拼，必须融入主流社会，接受法律的约束，道德的监督，哪怕是野生动物也要安个窝，婚姻就是一个男人获得社会主流价值观认可的重要坐标。所以我们常常要求一个好男人要有责任感、要守承诺、要讲信誉，实际上这就是对一个男人作为社会人的要求，是属于男人的社会属性。

20世纪初，伟大的心理学家弗洛伊德也曾提出过"本我、自我、超我"三种不同的概念。弗洛伊德认为：本我是潜意识的结构部分，是所有本能的大本营，它与生俱来，为最原始的部分，遵循快乐原则；自我是理性的，是意识的结构部分，处于本我与外界之间，根据外部世界的需要来活动，遵循的是现实原则；超我则是道德化了的自我，是内在的道德检察官，为人格发展的最重要部分，它包括良心和自我理想。这三个系统错综复杂，相互作用，从而产生各种行为和思想。本我要求自我满足其欲望，超我则要求自我将欲望压抑下去，自我则调和两方面，依照现实环境，采取适当措施。

弗洛伊德认为，只有三个"我"和睦相处，保持平衡，人才会健康发展；而三者吵架的时候，人有时会怀疑"这一个我是不是我"？或者内心有不同的声音在对话："做得？做不得？"或者内心因为欲望和道德的冲突而痛苦不堪？或者为自己某个突如其来的丑恶念头而惶恐？男人就是经常在本我、自我、超我三者之间来回游走，有时表现得很有责任感，有时又显得随心所欲不负责任。

（三）女人天生具有筑巢感

那为什么说女人是筑巢动物呢？

其一，像小鸟一样构筑一个属于自己的巢穴，是女性的本能。

都说女人天生都爱筑巢，给自己、给家人搭建一个舒适的窝是绝大多数女性首要的生存法则。这从女孩子从小就爱玩过家家的游戏可以看出端倪。家，对于女人来说，是她整个世界的中心，女人寻找爱情，无非也是给自己的后半生找一个家，好比是"在世界的中心呼唤爱"。虽说男女同工同酬的观念早已深入人心，干得好的职业女性比比皆是，但在大多数女性看来，嫁得好显然更为重要。

如果说，男人的天性是闯荡世界，女人的天性则是守护家庭，大禹治水可以三过家门而不入，但没有一个女人会为了事业心安理得地抛家弃子。"我想有个家"是绝大多数女人最强烈的心声。一个温暖的家，一所舒适的房子，是女人最感安全的归宿。漂泊的女人最为无助，只有归宿感才是女人理想的彼岸。在《圣经》有关上帝造人的段落中，我们知道夏娃是来自亚当身上的一根肋骨，当她从亚当身上分离的那一刻，她就产生了分离焦虑，她就有了孤独感，她需要男人的怀抱，她也渴望男人的保护。

虽然男女平等的口号喊了很多年，但在择偶这个关键的环节上，绝大多数女性依然崇尚男强女弱的婚恋模式。这是为什么？答案很简单，女人寻找男人，为的是寻找安全感，为的是有所依靠，这是女人的天性。早在远古时代，男人外出打猎，女人居家打理。如今走出家庭外出就业的妇女越来越多，但女人终究还是女人，骨子里还是摆脱不了对家庭的依赖，对男人的依靠。

台湾著名男性心理研究专家蓝怀恩指出："我们仿佛总是看到这样一幅画面，上面有两张面孔，一张男人的面孔，看着家门外；一张女人的面孔，看着男人的背影。"所以女人择偶，更看重男人的安全感、责任感以及男人的经济实力。男人只有具备这三条，才会给女人提供筑巢的精神后盾和经济基础。男人有归属感，那她爱这个男人，男人没有归属感，那她还可以爱房子——属于自己的房子是永远值得依赖的。

科学家发现，女人跟男人相比，更擅长手工操作。在要求良好配合的手工劳动中，女人比男人更出色，她们的速度更快，比如能迅速地将钉子插入木板上的孔中。这也是为什么女人在剪裁、编织上比男人更有天分，因为女人是筑巢动物。

其二，相比男人在社会上的单打独斗，女人更看重彼此之间的亲密关系。

从原始社会开始，"男主外，女主内"的社会分工渐渐形成：

男人在外面的世界打拼，养家糊口。女人则是内当家，操持家务兼生儿育女。男人在外，生存竞争异常激烈，所以更看重个人的能力，即便需要应付人际关系也多是利益使然；女人在家，上有老下有小，婆媳、姑嫂、妯娌关系都要处理得当，因此更需要投入感情。中国人自古强调"家和万事兴"，所谓"和"指的就是一家老小亲密的感情关系。女人一生唯情最重，也是因为女人不仅十月怀胎，一朝分娩，还要抚育后代，投入的生理成本、心理成本乃至经济成本都是男性无法想象的，她必须专心致志心无旁骛，才能培养出身体最健康、心理最健全的下一代。结婚对她们意味着构筑爱巢，意味着和最爱的那个男人白头到老。相比男人，女人对家庭和亲子关系更难以割舍。这也是为什么女人在感情上总是要显得比男人更专一更重情。

获诺贝尔文学奖的苏联长篇小说《日瓦戈医生》中，女主人公拉拉对她的心上人尤里（也就是日瓦戈医生）有句经典的道白："上帝赋予你翅膀，好让你在云端翱翔，可我是个女人，只能紧贴地面，用翅膀遮住雏雀，使它不受伤害。"所以有人说，女人天生有母性，具有很强的自我牺牲精神。这种母性和牺牲精神是怎么来的？就是来自女性的筑巢本能。

当然，跟男人一样，女人既有自然属性也有社会属性，如果说筑巢持家是女人的自然属性，那么外出工作经济独立则是女人的社会属性。女人作为筑巢动物并不等于丢掉工作，只做个在家伺候男人的家庭妇女，而是在守护家庭的同时保持一定的经济独立。只有经济独立了，才谈得上精神独立，才可以成为一个不依附于任何男人的独立自信而有魅力的女人。**这样女人才能够长久的吸引男人，这样男人才不敢小觑女人，女人才不会在男人变心后痛不欲生六神无主，女人找份好工作也是为了更好的筑巢。一个在经济上一无所有、人格上只会依附在男人身上的"弱女子"，一个经济上自给自足、人格上坚强独立的现代女性，男人显然更会被后者所吸引，关于这个问题，我会在本书的第四章进一步探讨。

（四）男女情爱心理的三大基本差异

倘若具体分析，我认为，**男女之间在情爱心理方面至少存在以下三种基本差异：**

一是在情感的表达方面，主动性和被动性的差异。

显然男人相对主动，女人相对被动。如果把情场比喻成角斗场，男人这种野生动物习惯于主动出击，像个角斗士，女人则处于被追的位置，喜欢守株待兔。当然，女人不应该总是消极等待，而是应该在被动中寻找主动，掌握一定的主动权，所以我提出一个观点：真正聪明的女人应该做个助产士，具体内容详见本书第一章《男人是角斗士，女人是助产士》。

二是在情感的选择方面，多样性和专一性的差异。

德国著名哲学家叔本华曾说，男人总是在外打拼，受到的诱惑较多，多重性关系似乎在所难免，女人在家操持家务，与外界相对隔绝，感情自然专一。自古以来，痴情女子负心汉的悲剧总在不停地上演，原因何在？一是男人这种野生动物的生理结构使然，二是一夫多妻的这种腐朽的男权思想在助纣为虐。那么，善良而痴情的女人们如何保护自己，具体内容详见第三章《男人是性爱动物，女人是感情动物》。

三是在情感的交流和相处方面，独立性和依赖性的差异。

前面提到，男人是野生动物，喜欢自由自在无拘无束的生活，哪怕结了婚，也依然本性难改。相反，如果一个男人对亲人过于依恋甚至依赖，容易被扣上"性格太软弱""不太像个男人"的帽子；而女人作为筑巢动物，对家、对家庭成员之间的亲密关系有着天然的迷恋，所以在感情上天生对亲人有着深深的依赖（不是依附，前者指的是情感寄托，后者则指的是丧失自我，无论在经济上还是精神上都围在男人身边，毫无独立性可言）感。小时候依赖父母，结婚后依赖丈夫，老来依赖孩子。哪怕女性在经济上再独立再强大，骨子里依然渴望被爱、被欣赏、被呵护。女人天生爱打扮、喜欢被赞美，找老公总倾向于找一个比自己强的男人，都是这种依赖心理的外化表现。关于这部分内容，可参见第五章《婚后：男人需要独立，女人追求亲密》。

也许有些女权主义者会不以为然，现在都是男女平等的时代了，男人能做到的，我们女人一样可以做到，你老在放大男女之间的种种差异，强调男人以事业为重，女人却把回归家庭看成第一位，是不是还在鼓吹"男主外女主内"那套腐朽的男权思想？

在这里我必须说明一点，我这个人并不男权，在中国横行了五千年的男尊女卑思想，不尊重女性歧视女性，摧残了多少妇女的身心健康，造成了多少人间悲剧，我是深恶痛绝的。但近半个多世纪以来在西方风起云涌的女权运动，妇女的地位有了大幅度提高，有很大的历史功绩，但也有矫枉过正之处。比如处处跟男人试比高，总是幻想把男人踩在脚下，甚至不分青红皂白，把所有男人都当成"假想敌"，恋爱婚姻中一遇到小事，就要跟男人斗争到底，动不动就收拾男人报复男人，不了解男人独特的生理结构和思维心理，动不动就说"男人没一个好东西"，其结果——男女之间的战争依然硝烟弥漫，夫妻之间的矛盾，彼此之间的争吵与日俱增，离婚率更是水涨船高。很多"三高女性"（高学历、高收入、高素质）拒绝婚姻拒绝男人之后并没有"一览众山小"，反倒是"高处不胜寒"了。**看来一味地贬低男人、否定男人无益于婚姻中的两性和谐，只会激化矛盾。强调男女平等并不等于要抹杀两性之间的差异。**

　　我认为男女之间在精神上是平等的，但男女在生理和心理上确实存在不少差异，这点不容忽视。科学研究表明：男人女人之间的差别显而易见：比如，男人体力充沛，方位感强，容易在空间能力测试中获胜，善于逻辑推理，但在观察力、记忆力方面却弱于女性，后者更擅长语言沟通和手工操作。曾经有段时间，让女人跟男人一样从事挖煤、勘探石油等井下作业，认为这就是男女平等，结果女性身心备受摧残。

　　二十世纪六七十年代西方性解放喧嚣一时，一些女权主义者提出，为什么男人可以花心，女人难道不可以风流快活？于是在欧美许多国家，女性纷纷挣开感情的枷锁，主动投身到性解放的浪潮中，与此同时，少女堕胎、非婚生子以及患上性病的概率以成倍的速度猛增。你说这是男女平等吗？非也！这只不过是另一种形式的歧视女性，不尊重女性而已。

男女两性之间，永远存在这样或那样的差异。这是一种客观存在，没有必要回避，只能坦然面对。只有先了解彼此之间的差异，才能对症下药，尽力修补。我认为男女两性相交、相处，求同存异、互相理解、互相包容、同舟共济是非常重要的。

男人是野生动物，女人是筑巢动物这个观点看似新奇，其实，西方很多研究两性情感的心理学家基本上也持相同的观点，比如美国著名心理学家爱默生·艾格里奇博士在他所著的《男人需要尊重，女人需要爱》一书中这样写道："男人一般都会要求去工作，而女人的自然本能却是回归家庭。丈夫本能地知道他的舞台在外面，不管他面对多大的压力。我认为从本质上讲，大多数男人代表着亚当，他们为了整个家而在外面劳动。大多数女人和夏娃很相似，如果她有孩子的话，她会选择让亚当代替她在外劳动。一般来说，妇女喜欢有个孩子并照顾孩子，男人喜欢为她和孩子在外工作。"

（五）差异引起好奇，差异更激发爱情

如果换个角度来看，**男女两性之间存在的种种差异恰恰又是彼此之间产生爱情的根源所在。所谓同性相斥异性相吸，差异引起好奇，差异产生欲望，差异更激发爱情。** 法国心理学家吉拉尔·博内指出："我们只有面对一个与自己不一样的人时，才会产生爱情的

晕眩。"

尽管童话故事中白雪公主总是会遇上白马王子，戏曲舞台上的绝代佳人也会死心塌地地跟着风流才子。但在现实生活中，我们却常常看到这样奇特的组合：美女爱上了外表像野兽一样的男人，鲜花总是心甘情愿地插在牛粪上，至于走起路来早已一瘸一拐的"老牛"却堂而皇之地吃起了"嫩草"……

为什么会这样？

其实说穿了，这是爱情中的一种"补偿心理"在作祟。

从情感上分析，大多数人都有一种"补偿心理"：俗话说得好：缺什么找什么。所以个儿矮的总喜欢个儿高的，胖的喜欢找瘦的，没钱的向往有钱的，丑八怪偏偏爱美女，表现在古今中外很多文艺作品中，那就是白马王子总是爱上灰姑娘，淑女偏要死心塌地跟着强盗，妓女却心甘情愿倒贴给"小白脸"，连《聊斋》中的女鬼们都梦想着和白面书生"共结连理"，童话故事中的癞蛤蟆更想吃上一口天鹅肉。在金庸的武侠小说中，我们也时时看到这种"缺什么找什么"的爱情组合：比如木讷的郭靖偏偏离不开俏皮的黄蓉，优柔寡断的张无忌最爱蛮横霸道的赵敏，乔峰顶天立地一个汉子，却被娇小柔媚的阿朱彻底融化……

"循规蹈矩的"总会被"放荡不羁的"吸引，"脑满肠肥的"一见"如花似玉的"就两眼放光，上帝从造人的那一天开始，就决定了人不是十全十美的，他总要去寻找生命中缺失的"另一半"。爱情是怎样产生的？就是这样产生的，你所有的正好是我缺的，我没有的正好在你身上得到补偿。差异像谜一样吸引着彼此，这就是男

女相爱的心理基础：人永远对自己身上缺少的东西感兴趣。所以野生动物才会被筑巢动物吸引。如果天下男女都一样，恐怕爱情就不会产生，人类就会失去彼此相吸、繁衍后代的欲望，人类必将走向灭亡。

根据异性相吸的原理走到一起之后，我们才发现，差异又常常导致男女之间沟通困难，误会丛生，因此，这本书也就应运而生了。

当然，我把男人称为野生动物，女人称为筑巢动物只是相对这两种性别中的绝大多数而言，唯物辩证法告诉我们，世界上万事万物都具有一定的相对性，没有绝对性。正如全天下没有完全一样的男人，也没有完全一样的女人，我在本书所探讨的男女的差异性只适用于大多数人，矛盾有普遍性，也有特殊性。并非所有的男人都以事业为重，也有的男人偏偏不喜欢事业，乐于当个居家男人；天下女人也不见得都爱筑巢，这年头埋头事业，推崇不婚主义、单身主义的新女性也渐渐多了起来，所以本书的观点并不适用于这两种打破常规的男女。当然，书中某些观点难免也有个人色彩，有偏颇之处，未必准确，欢迎读者指正。

现在国家提倡建设和谐社会，而在和谐社会中男女之间的和谐尤为重要，我写这样一本书也是希望站在一个男性的角度看待两性关系，（由于本书主要是面向女性读者，所以更多是告诉女性如何认清身边另一半，给女性支的招较多，而相对较少提醒男性该如何对待女性）缓解男女之间剪不断理还乱的矛盾冲突。至于效果如何，还是请亲爱的读者朋友来评判吧。

第 1 章 男人是角斗士，女人是助产士

如果把情场比喻成角斗场，男人这种野生动物习惯主动出击，像个角斗士，主动性、攻击性和侵略性是他们的雄性本能。正是在这种积极进取中，男人的好奇心被挑起，男人的征服欲获得满足。所以，在情爱心理方面，男人更倾向于主动性，女人却恰恰相反，天性中的温柔妩媚，使之在择偶方面更倾向于被动性。男追女跑是千百年来亘古不变的情爱法则。当然，面对感情，女人不应该总是消极等待，而是应该在被动中寻找主动，掌握一定的主动权，所以，真正聪明的女人应该做个助产士。

一、男人都想当角斗士

（一）美女对于征服她的男人，是惺惺相惜的

记得那英曾唱过一首歌叫《征服》："就这样被你征服，切断了所有退路，我的心情是坚固，我的决定是糊涂。就这样被你征服，喝下你藏好的毒，我的剧情已落幕，我的爱恨已入土……"有一回跟几个朋友去钱柜K歌，坐在我身边的一个长发美女唱得如醉如痴，高潮处她双眼微闭，感觉她好像真的喝下了男人藏好的毒，然后身不由己地被他倾倒，被他征服……

痛快淋漓地唱完之后，她却怅然若失，我问她何故？她凄然一笑：我的长相对男人也有杀伤力，身边也不乏追求者，怎么我的剧情始终也无法拉开帷幕？

言下之意，她一直没有遇到可以真正征服她的男人。情场如战场，一个女人倘若在男人堆里始终高昂着骄傲的头颅，难免斯人独憔悴，就像一个打遍天下无敌手的英雄一样高处不胜寒，有时候她也会生出"独孤求败"的念头。那一刻，我恍然大悟，美女之于征服她的男人，与英雄之于英雄，都是惺惺相惜的。

有人说，男人把心交给了世界，女人把心交给了男人。从盘古开天辟地以来，在上天赋予男人的天职中，既有阳刚气，又有责任感；既有进取心，又有征服欲。小时候，当我还在穿开裆裤的时候，父母就不厌其烦地教导，好男儿要志在四方，大丈夫要顶天立地；小学的时候看历史读物，最欣赏成吉思汗、彼得大帝，杀伐决断征战四方；上中学以后看了《侠盗罗宾汉》《郁金香芳芳》，心目中更是滋生出了一种英雄情结——真正的男子汉都是既征服世界又征服女人的。

在弱肉强食适者生存的动物界中，一个傲视群雄的雄狮在得到手下败将顶礼膜拜的同时，也引得很多雌狮趋之若鹜。人类社会也是这样，**男人在战场上攻城略地，女人在情场上翘首以待；男人把无数的强敌打翻在地，女人则对凯旋的英雄以身相许。所以，征服欲是绝大多数男人与生俱来的一种雄性激素：战争年代，面对敌人，它让男人勇往直前；和平年代，面对事业，它让男人百折不挠。**

（二）男人的征服欲取决于体内的睾酮素

我想，生活中，每一个男人都希望自己就像那个骑着一匹快马绝尘而去的义侠佐罗，披荆斩棘一往无前，既征服世界也征服女人。而面对一个充满神秘感的女人，一个好奇心很重的男人，身上的荷尔蒙、肾上腺素、睾酮素都会急剧分泌！正如我在序言里所说的那样，男人都是野生动物。

所谓睾酮素也就是雄性激素，它好比是人体内的油门踏板，男性天性好斗,热衷于竞争和冒险,对军事、战争兴趣非常高,其实都和睾酮素息息相关。在极具争斗性和竞争性的环境中,特别是在拳击、摔跤以及足球、篮球等偏重于对抗性的体育赛事中,体内含睾酮素多者总是占据上风。我估计像拳王泰森这般强壮好斗者,其体内的睾酮素一定非比寻常。

在动物身上,也可看到睾酮素对其行为的重大影响。尤其进入交配阶段,雄性动物体内的睾酮素分泌增高,此时,雄性动物表现出强烈的甚至是伤害性的行为,比如雄性麋鹿,在发情期就是典型的疯狂斗士。

女性体内也有睾酮素,只不过数量很低。科学研究显示,进入青春期以后,正常男性身体上的睾酮素是女性的15倍以上,而女性体内的雌激素则是男性的8—10倍。对女性而言,步入社会参与竞争的职业女性,比全职的家庭主妇体内的睾酮素含量高,女同性恋者中,担任男性角色一方的睾酮素含量更高。

所以,**男性之所以比女性更具攻击性,更有征服欲,显然,体内的睾酮素掌握着决定权**。相反,如果男性体内的雌激素含量偏高,就会导致男性的某些器官和部位出现女性化特征,国外有一种观点,男同性恋与其体内的雌激素异常有关。

(三)每个男人心中都潜藏着一种英雄情结

从某种意义上来看,恋爱的初级阶段,男人追女人,与其说向对方示爱,不如说是源于男人体内原始的征服欲。当一个摇曳多姿的女人在男人的视线中飘荡的时候，后者立马变成了一头好斗的公牛，他要奋不顾身地扑上去，他要毫不犹豫地拿下她！所以，男人要是动了追女人的念头，请相信，首先想到的不是去爱，而是如何去征服，这是男女两性在恋爱初始阶段最大的心理差异。当女人爱上男人，满脑子都被浪漫的幻想所包围；而男人一旦看上某个女人，就像锁定猎物的猎人，迫不及待地就要出击了！

倘若说，**女人是筑巢动物，她的生存法则是爱和亲密。男人就相对复杂很多，在钩心斗角尔虞我诈的职场上，他是把自己的真心隐藏得很深的野生动物，好比是披着羊皮的狼，在男强女弱、男欢女爱的情场上，他又是交织着好奇心和征服欲的野生动物，此时，这头狼蠢蠢欲动蓄势待发。说穿了，男人眼中的情场无疑是一座角斗场，而男人则是雄性激素极其活跃、时刻准备着伺机而动的角斗士！**

都说男人理性，其实，我觉得这种说法很片面。在恋爱的初级阶段，男人就大都处于非理性状态，只要遇上怦然心动的女人，男人都想成为角斗士，从血脉沸腾到疯狂出击直至追求到手！男人就是这样，既想征服世界，又想征服女人。专门研究情感问题的女作家陈彤也承认："你不理解一个男人的征服欲，你就无法理解任何男人，如果把男人的一生比喻成战斗的一生，女人毫无疑问就是男人一生主要的战利品之一，战利品越多质量越高，男人就越有成就感和满足感。"因为无论是战场上、职场上还是情场上，男人都是角斗士。

其实，**每一个男人心中，都有一个角斗士，他身披光亮的铠甲，**

手拿一支钢枪，随时整装待命，去营救处于危难之中的公主，这就是潜藏在每一个男人心中的英雄情结。在内心深处，男人都渴望成为女人的英雄，他不惜一切代价，保护心爱的女人，乐意为她效劳，有了女人的召唤，他会一往无前，而不是瞻前顾后。这也就是为什么古今中外的文学作品总是在不厌其烦地上演英雄救美的故事，因为它潜意识中反映了绝大多数男性基本的爱情需求，那就是男人总是梦想在女人面前扮演一个施予者、解放者和救世主的角色：为了唤醒睡美人，睡美人必须昏睡不醒；若有被掳的公主，周围必有妖魔鬼怪。道路越艰险，前途就越光明，堡垒越坚固，就越能激发男人的无穷斗志，情场如战场，征服比馈赠或解放更令男人神往。

（四）聪明的女人要懂得激发男人的征服欲

我觉得，一个聪明的女人在跟自己心爱的男人打交道的时候，应该懂得去激发男人的征服欲，保持自己的神秘感，刺激对方的好奇心，让他对你永葆热情，也就是所谓的欲拒还迎、若即若离，不妨制造出一定的距离和空间，给他某种不确定感。男人就是这样，太容易到手的东西不会珍惜，对没有到手的却魂牵梦萦，适当的拒绝能吊起男人的胃口，不能得到，偏要得到，这种游戏能让男人始终充满激情和追逐的快感。假如他不能马上得手，他就更加急不可待。欲望完全攫取了他的心，也使他对自己所追求的东西产生更丰富的联想。一个女人越是容易被男人追到手，男人就越会觉得她乏味。

《鹿鼎记》中韦小宝有七个老婆，他最爱的是谁？ 估计大家都会不约而同说出答案：阿珂。为什么？除了该美女的美貌指数在他七个老婆中首屈一指外，阿珂的若即若离、喜怒无常、难以驾驭也是核心要素，才会让我们的韦爵爷朝思暮想、肝肠寸断。正所谓猫老盯着没逮住的耗子，小偷老惦记着别人的钱包，猴子怀中的玉米多得直往下掉却还要不住地掰下玉米往怀里揣；商人已经很有钱了，但依然想方设法把别人的钱变成自己的钱；事业上和情感上男人都是永不满足，有了洋房还念着别墅，挣了一千万还梦想着一亿，家花种着外面还想养着野花。楚留香"处处留香"，陆小凤随处"凤求凰"，韦小宝见一个爱一个固然是男人花心的本性使然，何尝不是男人的征服欲在作祟？男人追到了一个女人就像攻下了一座城堡，他会满足吗？显然不会，他会喘息片刻，向着下一个目标继续出发。

很多女人抱怨男人婚后对她不如婚前那样浪漫、那样体贴、那样俯首帖耳了，那是因为男人把你娶回家，感觉就像大功告成了，他与生俱来的征服欲提醒他征服完女人，该去征服世界了，所以一结婚，男人的命运开始"呼叫转移"了，他要在社会上继续实现他的价值。他就像西天路上的唐僧，又要启程了。

那么，一个女人如何防止她的丈夫在婚后征服世界的过程中继续征服别的女人呢？唯一的办法就是在婚前要时不时给他留点神秘感，让他不要像看一杯白开水一样一眼看透你，婚后还要不断地给他新鲜感，让他觉得你像商场里的时装一样常变常新，这样他才不会继续毫无原则地到处去释放他的征服欲。

二、"三不女人"最让男人魂牵梦萦

（一）男人大都喜欢有一定神秘感的女人

既然男人都是角斗士，面对怦然心动的女人都有一种遏制不住的征服欲。那么情场如战场，男人最想征服什么样的女人？

其实，在我主持网络情感节目或以嘉宾身份做客一些电视情感节目时，就有不少在情路上兜兜转转，在男人面前迷茫困顿的女孩子问过我类似的问题：男人，究竟对什么样的女人最感兴趣？

美女？淑女？才女？

也对，也不完全对。

大多数男人似乎都爱美女，但在现实生活中，也有很多美貌指数并非出类拔萃的女子在情场上意气风发；大多数男人似乎都愿意娶个淑女回家，但也有不少"野蛮女友"成功嫁为人妇；大多数男人对才女刮目相看，但在感情上似乎又都普遍敬而远之，"白骨精"（白领、骨干、精英的简称）纷纷沦为"北大荒"（北京、大龄、感情荒芜的简称）就是不争的事实。

那么，这年头，什么样的女人最受男人欢迎？前不久，南方某发行量很大的周刊告诉我们，不是美女，不是淑女，不是女强人，不是女汉子，而是听起来似乎有点耸人听闻的两个字：妖孽！

该周刊某期封面赫然一个大标题：《如何成为一个妖孽》。文中写道："不管承认与否，每个女人心里都有一个妖孽梦。暗暗希望自己成为一只摇曳生姿、色艺双修、顾盼神飞的妖孽，总之能让爱我的男人欲罢不能就好了。"

所谓妖孽，虽然从唐朝时代起就用来形容那些能够颠倒众生的传奇女人，比如武则天、杨贵妃、李师师、赛金花，但在中国普通老百姓的口中，似乎叫作"狐狸精"更为接地气。

这家周刊对"妖孽"评价有一定道理，我也是男人，结合我个人的审美体验，我给出的答案则是：男人大都喜欢有一定神秘感的女人，换言之，在男人面前若隐若现，跟男人保持若即若离，让男人看得见却摸不着更猜不透的女子最能吊起男人的胃口，激发男人的征服欲，也能长久保持她的吸引力。这跟一个女人的相貌身材并不完全画等号，但却一定跟她的气质风度、穿衣打扮、待人接物、行为模式息息相关。

前不久，我应邀去参加一个时尚名媛俱乐部的活动，在谈到男人都喜欢什么样的女人时，一个很有派头的中年老板冷不丁地扔出了六个字："藏得住，摸不透。"顿时引来阵阵掌声。我认为这个老板的六字箴言相当程度地反映出了一种异性相吸的法则：女人要想长久地吸引男人，既不是靠惊人的美貌，也不是靠温顺的性格和不凡的才气，而是一种特殊的味道，一种不一样的气质，一种与众不同的交际手腕，一种齿颊留香的品位，也是一种余韵悠长的享受。

要我来总结，那就是"三不"——"深藏不露、飘忽不定、捉摸不透"，我发现，所谓的"三不女人"，最勾魂摄魄，也最让男人魂牵梦萦乃至牵肠挂肚。

其实女人也会喜欢有一定神秘感的男人，所谓"男人不坏，女人不爱"就是这个意思，在这里，"坏男人"并不是地痞无赖，流氓恶棍的同义词，而是特指拥有独特的个性、让女人看不清猜不透、不按常理出牌的男人。事实证明，女人是宁可爱一个吸血鬼也不要一个"烂好人"，君不见美剧《吸血鬼日记》倾倒了几多少女和少妇？

美国某心理机构曾做过相关调查，有三种传统观念认为的"坏男人"在情场上很受异性欢迎：自我中心、热爱冒险刺激、善于撒谎且喜欢将人玩弄于股掌之间，他们坏的程度越高，猎艳的成功率越高。前不久我在上海录某个关于剩女的谈话节目，我发现，剩女特别容易被这类男人骗，也容易被这类男人伤害，但偏偏又对他们念念不忘，难以割舍。当然，这并不意味着女人天生爱坏蛋，她们给出的理由是并不觉得这些男人"坏"，而是觉得他们"很特别""有个性"。这就给男人情场上追逐异性提出了一个艰巨的挑战，你必须坏，但又坏的让她不觉得你坏，或者有时候坏一下下，不能老坏，也不能不坏。

（二）男人有时候就像个好奇心十足的孩子

一度火爆荧屏的港剧《金枝欲孽》大家都还记得吧？从海选中

突出重围的秀女尔淳就有一套独特的"驭帝术"：她认为，讨好皇上跟讨好男人本质上是一样的，最笨的方法就是百依百顺，但皇上很快就会觉得索然无味，聪明的方法则是若即若离，让他可望而不可即，最厉害的一招则是始终让他求之不得。所谓若即若离也好，求之不得也罢，其实就是在男人面前摆"迷魂阵"，保持一定的神秘感，不让他一下子看透你。尔淳是这么说的，也是这么做的，每当皇上主动接近她一次，她就欲擒故纵一番，在钩心斗角争风吃醋的皇宫内院，万千佳丽主动送上门还怕来不及呢，她却反其道而行之，欲说还休，欲拒还迎，结果皇上的胃口被吊得老高，神不知鬼不觉地就被这个颇有心计的小丫头给灌了"迷魂汤"，别看皇上是九五之尊，最终还不是乖乖就范任其摆布，彻底沦为了她的裙下之臣？

一个男人开始进入一段全新的感情，如同一个小男孩第一次打开一盒新的拼图一样，如果他打开一看，拼图已经是现成的，他的兴趣会立刻烟消云散。但是这个拼图如果让孩子自己动脑、想象、部署将那些小块拼到一起的话，他的大脑就会像受到了刺激一样异常兴奋。

都说情场如战场，这话不假，其实有时候我觉得情场更像猎场，男人更像猎手，主动出击，女人更像猎物，四处躲闪。我记得一个打过猎的男人曾经跟我谈起过这样一种奇妙的体验：当一个披着生物保护色的猎物在树丛中若隐若现的时候，猎手的好奇心就会被挑逗起来。他会目不转睛，会跟踪追击，必要的时候会举起手中的猎枪，瞄准心仪已久的猎物，然后扣动扳机。此时的他心跳加速、呼吸急促、瞳孔放大。其实男人追求女人何尝不是这样？尤其是跟男人总是若即若离，保持一定神秘感的女人，好似披着生物保护色在树丛中四处躲闪且又时刻在招摇的猎物，更会激起男人这种野生动物无限膨胀的征服欲。

一个深藏不露、飘忽不定、捉摸不透的"三不女人"，能让男人领略到雾里看花、水中望月的美感，一个每根肋骨都让男人摸得清楚的情人，可以提供他们的安全感，但不会让他们产生朦胧的美感。

有一阵子，中国有点艺术品位的男人，比如王朔、张艺谋什么的，都不约而同迷上了法国女星苏菲·马索，那是为什么？因为苏菲·马索身上有一种神秘的气质，脸上的表情又总是显得那么无辜、那么迷茫，既像一座神秘莫测的卢浮宫，又像一株无语凝咽的寂寞梧桐，让男人产生了一种雾里看花的朦胧之美。有时候，男人就是个好奇心十足的孩子，总想揭开罩在女人身上那层神秘的面纱，一探究竟。

20世纪法国女性主义的先驱波伏娃曾在她所著的《第二性》一书中提到，"西方男人理想中的女人，是这样一种女人：她受他支配时是自由的，她不人云亦云，但她也屈从他的论点；她机智地进行反抗，却以认错而告终。他的自尊心越强，他想冒的险就越危险：征服彭忒西勒亚（希腊神话中阿玛宗人女王）要比娶顺从的灰姑娘更为壮观"。19世纪德国哲学家尼采也说："勇士热爱危险和运动。这就是他爱女人——一切运动中最危险的运动的原因。"

这种危险的运动让女人犹如水中涟漪一般优美。虚假用迷人的映像使她格外生色；风骚乃至堕落为她带来了浓郁的芳香。她撒谎、欺骗并躲躲闪闪，她令人难以捉摸并两面三刀——正因为如此，她才极大地迎合了男人的矛盾欲望。

有人说得好，女人要让男人心甘情愿把最好的东西献给她，就是要给他一段扑朔迷离的爱情。在得到与得不到之间，男人才会把最好的东西奉献出来。

因此，"三不女人"在感情上要学会收放自如，此时，你不应该像初恋的少女那样只是在一味地展现"接天莲叶无穷碧，映日荷花别样红"的绚烂和艳丽，反倒应该追求一种"众里寻她千百度，蓦然回首，那人却在灯火阑珊处"的宁静和神秘。不应该再像初恋的少女那样飞蛾扑火地去追逐爱情，而是应该守株待兔地享受爱情，不应该再痴情地被男人伤害，而是应该淡定地保护自己。

（三）男人为何喜欢"坏女人"

我们不要忘了男人是野生动物，男人的性，有点近似于动物的狩猎本能，即越新鲜的果子越想品尝，越刺激的游戏越想挑战，越得不到的猎物越想得到。男人在性方面始终是个探险家，对未知的女性充满好奇心和探求欲。尽管邓丽君曾经代表全天下的良家妇女善意地提醒过她们的丈夫：路边的野花不要采，但男人就像个淘气的孩子，你不让我采我偏要采。歌曲传唱得越广，男人采野花的劲头就越足。这就是男人，既想挑战世界，也想挑战女人，而且危险系数越高的"坏女人"，他们越有浓厚的兴趣。

在网上看到一则笑话：幼儿园里，老师要小朋友逐一回答自己最喜爱的动物：小狗、猫咪、金鱼、斑马……突然，一个小男孩大声说："狐狸精！"老师瞠目结舌，忙问为什么，男孩稚气的声音中满是得意："我妈妈说过，男人都是喜欢狐狸精的！"

二十世纪四五十年代，好莱坞流行过一阵黑色电影，这类电影有一个万变不离其宗的母题：好男人如何被有着狐狸外表、蛇蝎心肠的坏女人引诱以至最终走向毁灭。跟中国文人蒲松龄笔下的狐狸精大都至情至性不一样，黑色电影中的蛇蝎美人跟男人在一起基本上只有一个目的：钱。为了钱她们会不惜一切代价地用热烈而又危险的性爱诱惑男人，一旦得逞便毫不留情地背叛男人，她们既眩目又神秘，既热情又冷漠，她们喜怒无常、两面三刀、冷酷无情，她们是埋在男人身边的一颗定时炸弹，是一个修炼了吸星大法的情场女魔，她们可以骗走男人的金钱，拆散男人的家庭，吸干男人的灵魂。要怪就只怪黑色电影中的男人们都很贱，明知这是一个随时都可能引爆的人肉炸弹，却还心甘情愿地和她绑在一起，最终在对方的威逼利诱下杀人越货，走向了人间地狱。

不过，有一点似乎很奇怪，黑色电影最辉煌的那段时期，美国的离婚率不降反升。男人就是这样，明知山有虎还偏向虎山行，你越躲躲闪闪，他越紧追不舍，你欲拒还迎，他偏迎头赶上；越追不到的越想追到，这——无疑就是男人的征服欲。到头来，给老虎吃了也是自找的。

免疫学里有个说法，指的是生长在过于干净、细菌较少环境中的婴儿，长大后发展成过敏体质之概率越大，这很可能便是现代社会各种过敏症越来越常见的原因之一。在两性关系中也有类似的现象，那些从小规规矩矩甚至有些道德洁癖的女性，就是我们通常所说的好女人，一旦走进婚姻往往并不幸福，因为她太好了，好得让男人不敢亲近，不敢调情，不敢"撒野"，好到让丈夫敬而远之，这种毫无助于增进夫妻之间的亲密感，反倒成为对方的压力乃至逃跑的理由。所以在很多婚外恋的情感咨询和电视节目中，原配大多是好女人，小三一般是好女人所不屑但男人趋之若鹜的"坏女人"。

在很多影视剧中，我们经常看到类似的情节和对白，一个已婚男人拉着未婚女孩的手，深情款款地诉苦："我和我老婆早就没有感情了。"在剧中的各位老婆大人们，背负着好妻子的牌坊，苦了自己，也苦了身边的丈夫。因为丈夫在这些道德上无可挑剔的妻子身上看不到爱的火花，就像一些女人在过于乖巧过于老实的男人身上感受不到野性的魅力一样。这也是天下凡是好女人和老实巴交的男人要么将单身进行到底，要么把婚姻变成坟墓一样密不透风和不见天日，他们太不解风情了！

都说男人不坏女人不爱，其实女人不坏，男人也不爱。被各种坏人吸引乃至奋不顾身，是人性的盲点所在，无论男女。

身为一名男性，我想告诉全天下善良而痴情的女人们：其实**男人喜欢神秘的女人，就跟喜欢翻《国家地理》杂志，喜欢看《探索发现》节目，喜欢到非洲原始森林旅游，喜欢研究飞碟是一个道理。**

也许有的女性读者会说，这根本就不是爱，其实，男人和女人对爱的理解经常大相径庭，关于这个问题，我会在第四章谈到。如果说男人象征着宇宙已经被确证的知识,那么女人则相当于剩下有待探索的部分。男人追求女人,几乎等同于探索未知的世界。女人要想得到一段百年好合的真情,就要学会以神秘为武器,以风情为诱饵,此时,你身边的男人就像蠢蠢欲动的鱼儿,面对诱惑,没有不上钩的。即使那个男人被捕入网,也会被你的神秘感搞得五迷三道,心甘情愿做个"网中人"。

三、女人的神秘感该如何培养

美国影片《偷心》里有一个情节，女主角娜塔莉·波特曼问男主角裘德·洛，为什么他疯狂爱着由茱莉亚·罗伯茨扮演的摄影师，"是因为她成功了吗？"裘德·洛一语双关地回答："不，是因为她不需要我。"

裘德·洛的心声可以这样解读：男人总是对得不到的女人心存幻想。

我认识一个被无数帅哥款爷追逐的漂亮模特，就是我上文总结的所谓"三不女人"。别看她每天被男人车接车送，还经常出入高级酒店，参加时尚派对，但她对身边这些所谓成功男士的评价很低，有一次她跟我说，男人本质上都是一种犯贱的动物，你越高高在上，他就越顶礼膜拜，你越不冷不热，男人越知难而上，你越神秘，他越好奇，你越被动，他越主动，真要有一天，你在他面前一览无余了（无论是肉体还是精神），他反倒摆出一副大功告成的样子，准备鸣金收兵了。

我同意这个美女的观点，男人在追求自己心仪的对象时，潜意识中有一定程度的受虐倾向。

既然男人对充满神秘感的女人都有探索欲、求知欲和征服欲，那么接下来的问题是，女人的神秘感该如何培养？怎样在男人面前保持住自己长久的吸引力？女人作为筑巢动物始终考虑的是稳定压倒一切，然而，在野生动物们动不动就"审美疲劳"的今天，那么女人又该如何"保鲜"呢？

（一）要学会用眼睛说话

男人看女人，首先看的是对方的眼睛，其次才是相貌、身材、气质、谈吐——眼睛是心灵的窗户，明眸善睐的美丽女子最容易让男人心摇神荡，女人的媚眼是女性魅力的无声语言，运用得当，能使他读懂一颗怀春的心。富有神秘感的女人有时会用妩媚温柔的眼光脉脉含情，有时又会用热烈性感的眼神肆意挑逗，有时候又莫名其妙地换上修女般冷漠的表情，令本来心醉神迷的男人不知所措。脸上阴晴不定的女人最让男人捉摸不定，最让男人斗志昂扬。

聪明的女人面对追求自己的男人要学会用眼睛说话，不要总是太热烈地回应，这样会把男人吓跑，也不要老是一副冷漠的表情，这样男人会以为你对他毫无兴趣索性全身而退，要"晴时多云偶阵雨"，热情中有冷淡，接纳中还含有一定程度的拒绝。 以前有首歌唱得好：女孩的心思男孩你别猜，你猜来猜去就会把她爱，说的就是这个意思。

（二）要掌握羞怯的技巧

羞涩是女性美的特征之一，它蕴含着无限的妩媚和柔情，女性的羞怯是男性兴奋的催化剂。面对男性热烈的拥抱，女性忸怩的姿态有着道不尽的风情。

很可惜，有些大女人，尤其是在职场上风风火火的"白骨精"们好像不知羞怯为何物，她们习惯了高声大笑，习惯了直来直去，殊不知，**只要女人以妩媚和柔情为饵，男人都会情不自禁地上钩，它不仅是情窦初开的少女进行情感联络的接头暗语，更是婚后夫妻之间的爱情信号。**徐志摩有首诗透露了展现女性美的诀窍："最是那一低头的温柔，像一朵水莲花不胜凉风的娇羞。"

（三）要善于"留白"

所谓"留白"是中国画的一个创作技巧，意思是画家不要把创作意图体现得太满太实，要留有余地，给观者一定的想象空间。神龙见首不见尾，犹抱琵琶半遮面，半遮半露，半虚半实，往往更加耐人寻味，其妙就妙在遮掩和留白。不露那么多，只露一点点，且要露得妙，露得巧，露得刚刚好，套用王朔一部小说的名字：得追求"一半是海水，一半是火焰"的效果。

原始人在向文明人进化的过程中，首先把隐私部位遮掩起来了，道学家看来这是人类本能的遮羞，在艺术家看来，是人类本能的美好展示，是强调，是突出，是通过遮来引起丰富的想象力，是借助掩来增加神秘诱惑力。意大利著名女星索菲亚·罗兰在谈到女演员裸照时，认为裸照降低了表演的魅力，因为它减少了神秘元素，将裸未裸比一丝不挂更有诱惑力。很多妻子婚后为了显示和丈夫的亲密感，更衣如厕全都在丈夫面前一览无余，这样反倒让喜欢追求新鲜感的男人渐趋乏味。妻子欲对丈夫保持历久不衰的朦胧感，须得学会掌握掩的艺术，哪怕是老夫老妻，也应尽可能避免淋漓尽致，暴露无遗。

所谓留白，遮掩不仅是在穿衣打扮方面，在待人接物行为模式上也要学会欲说还休欲擒故纵。年轻的女孩子在跟自己心仪已久的男友初次相恋的时候，在袒露个人情感方面，切忌一五一十如数家珍地尽情倾诉。我认识一个女孩，长得也还算天生丽质，可恋爱总是触礁，有一次我跟她聊天，才发现症结所在。她就是太实诚了，男友花言巧语一番，她就彻底缴械投降了，这就犯了恋爱的大忌。我跟她说：过去的情史，别动不动就竹筒倒豆一股脑儿翻出来，男人如果对你的过去了如指掌，不仅会横挑鼻子竖挑眼，而且也会因为神秘感丧失而索然无味。聪明的女人永远只说七成，留三成让对方揣摩与遐想，留有余韵让对方捉摸不透也是女人在情场上无往不利的一个重要法宝。

（四）变化才是硬道理

都说女人善变，一会儿笑容可掬，一会儿柳眉倒竖，一会儿又愁云惨淡，有种说法叫"女人心，海底针"大概就是这么来的。别看男人在遭遇爱情狙击战时老喜欢把这六个字挂在嘴边,但却乐此不疲,记住**大多数男人都很贱,宁愿大海捞针,也不喜欢守株待兔。男人是种追求新鲜感的野生动物,天性喜欢猎奇,一成不变的生活,一成不变的你,过不了几天,男人就会产生审美疲劳。**

聪明的女人要像蒲松龄笔下的狐狸精一样总是在变变变,才能长久地抓住男人的心。中国有句老话叫"穷则变,变则通,通则久",不仅适用于改革,更适用于爱情。大观园里这么多天仙妹妹,贾宝玉为何偏偏对林黛玉牵肠挂肚,除了彼此情投意合之外,林黛玉还有一招绝活,那就是脾气变化得比股票还勤:一会儿粉面含春,一会儿又梨花带雨,刚刚雨过天晴,紧接着又多云转阴,简直让咱的宝二爷如瘸子追美女——总是赶不上趟儿,您还别心疼,男人就吃这套。

当然,这种变化不是一天换三套衣服,也不是随时随地乱发脾气,而是要学会角色的不断变化。日本著名情爱作家渡边淳一曾说过,所谓婚姻并不只是一对相爱男女的结合,他们相互间扮演着父亲、母亲或朋友的角色,必要时各自展现出孩子般天真幼稚的一面,如此等等都是婚姻的组成部分,如果没有这些,恐怕很难称得上是真正的婚姻。具体来说,就是在他面前,要学会变换不同的身份,要总是以不同的姿态出现在他的面前,有时候是他的妻子,温柔体贴,关怀备至;有时候做他的女儿,让他哄,让他疼,给他一个父亲的威严;有时候做他的妹妹,要他保护,要他安慰,给他一个大哥哥的豪侠;有时候也得做他的母亲和姐姐,当他身心疲惫时,充满慈爱,轻轻呵护,给他自由的空间,给他独处的快乐;有时候也得做个情人，时不时浪漫一番，偶尔性感一回，记住，女人一定要学会善变，善变是对付男人的最佳武器。

有一段时间我接触了几个"白骨精"，她们大都幸福得像花儿一样，妇唱夫随，母慈子孝。一问之下才知道，原来这群"白骨精"都很善变，在外气宇轩昂指点江山，一进家门立马作贤妻良母状，作温柔妇人状，作妩媚多情状……

站在一个男人的角度，我认为，真正成功的女人不光是在职场上做一个享受工作乐趣让男人另眼相看的"白骨精"，也应该在家里做一个体味生活魅力让丈夫魂牵梦萦的"狐狸精"。比如，能不能给"白骨精"上点"狐狸精"的色彩？让"狐狸精"也学点"白骨精"的精神？做事业就做个响当当的职业女性，回到家里则学会放低身价，当个依偎在丈夫身边的小女人？

正所谓打左灯向右转，外表是"白骨精"，内里是"狐狸精"；在职场上做"白骨精"，情场上做"狐狸精"；在外做"白骨精"，回家做"狐狸精"；白天当"白骨精"，晚上当"狐狸精"；卧室里是"狐狸精"，走出卧室是"白骨精"……

只有这样，女人才能在风云变幻的情场上无往而不利，你要想笑到最后，记住，变化才是硬道理。

（五）要敢于说"不"

"三不女人"对男人最核心的诱惑力就在于三个"不"字，深藏不露，飘忽不定，捉摸不透。不要对他言听计从，不要对他百依百顺，不要让他一下子看透你，要欲擒故纵，欲说还休，欲拒还迎，要时刻保持一种独立而自信的状态，你可以在情感上依赖他，但绝不能在物质上精神上完全依附于他，当两人的感情进展到一定程度时，要敢于按下暂停键，要时不时说上几个"不"字，男人才会对你另眼相看。

美国著名电台主持人谢里·阿尔戈在她风靡全美的畅销书《坏女人有人娶》中总结，女人在男人面前保持魅力的秘诀就是：只给一点——即刻收回；再给一点——再收回。这就有点像小孩子们在学校玩的追人游戏，你就是那个被追的，如果你老是配合他，他就懒得追你了，如果你总在跑，他总跟着你。即使你们结了婚，每当他对你不来电时，就要想方设法给他的电池充足电。有一部美剧中，一个结婚二十年都很幸福的女人对付丈夫有一个绝招，每当他有点自鸣得意，漠不关心时，她就独自收拾行装去旅行，临走时总会扔下一句让丈夫回味良久的话："亲爱的，我要走了。至于为什么？呵呵，这是我的秘密！"

四、 女人不能倒追男人，可以引诱男人

（一）对男人来说，越容易得到的越不会在意

如果把爱情比喻为一场追逐，男人通常是主动出击的猎手，女人则是四处躲闪的猎物。千百年来，在男追女跑的游戏规则面前，这似乎已是天经地义。然而，有的女人偏偏要逆流而上，结果，悲剧就不可避免地上演了。

先讲一段故事。

去年，我曾经在一家大型网站主持过一阵两性情感节目，那天演播室风风火火地闯进来了一个打扮入时性格爽直的女孩子帅帅，直言对男追女的传统套路心生厌倦，偏偏喜欢反其道而行之。这女孩外表帅气，名字帅气，行为举止也很"帅性"。我问她为什么有此嗜好，她歪着细长的脖子，一脸的桀骜不驯："通常追我的男孩，我毫无感觉，我觉得主动出击才过瘾，我还喜欢跟别的女人抢一个男人，我的观点是，没人追的男人，一定不是优秀的男人。如果说男人如衣服的话，那么，大家一拥而上争购的衣服，才是真正的抢手货。"

她是这么说的,也是这么做的。大学时代,她交的一个男友,就是被她成功"捕获"的。

别看这个叫帅帅的女孩子性格豪爽,可外表一点都不男性化,相反一头如黑色瀑布般的披肩长发,使她俏皮的个性中尽显妩媚。在班上,帅帅也属于经常被男生行注目礼的那种打眼的女孩。

"追我的人不少,可我就是瞧不上那些整天献媚的家伙。"帅帅一脸不屑地说。

慢慢地,班里一个来自内蒙古的男生走进了帅帅的视野,让她一直高昂着的头颅有所收敛:"据说他的父亲是汉人,母亲是蒙古族人,他'型儿'不错,挺壮的,脸上皮肤粗糙,平时不怎么说话,就是那种深沉感、沧桑感打动了我,比那些装酷的小男生有魅力多啦。"

帅帅跟我说她第一次明白了什么叫一见钟情。迅速地,她从同学那要来了这个男孩的手机号,再往下,一场如排山倒海般的短信攻势就此展开,第一次单独约会就是帅帅提出的,接下来的进展顺理成章,来自内蒙古的壮汉缴械投降,成了帅帅的"战利品"。

"他很快就接受了我,我那时小,不懂什么手段,就知道一味对他好,迁就他,陪他吃难以下咽的莜面,陪他听我根本就听不懂的蒙古长调。"别人都说帅帅傻,但帅帅毫不在意,她说只要看他那刀削般的面容,还有那忧郁得像湖水般的眼神,就心满意足了。

毕业了,帅帅在北京找到了工作,可他却选择回到草原宽广的怀抱,三年的恋情就这样无疾而终了。送他走后的那一晚,她听了一夜的蒙古长调,平时根本听不懂的那些旋律忽然在那一晚让她激动不已,她哭了。直到第二天早上醒来,她才释然:就当是心爱的骏马走丢了,他,不就是我的马子嘛。

旧爱早已随风而逝,不过,个性倔强的帅帅坦承,这件事直到现在想起来还是觉得不甘心,如果当初是他追的我,毕业的时候他会不会就为了我做出相反的决定呢?

如果你以为经过这次挫折帅帅就变成像林黛玉那样的含羞草,那就大错特错了。俗话说得好,江山易改本性难移,参加工作以后没多久,一往无前不畏艰险的帅帅又上演了一出轰轰烈烈的"女追男"的大戏。

当时帅帅是在一家销售保健品的公司上班,同事中有个比她大四五岁的男人,长得有点像胡兵,开始帅帅也没怎么动心,可偏偏公司女孩子多,有这么一个"万人迷"在,女孩子都集体找不着北了,有三四个女孩忍不住打了他的主意,他呢,也摆出一副"我帅故我在"的姿态,爱理不理的。

帅帅这女孩子也挺逗的,面对这种在女人面前总是一副满不在乎的神情的酷哥,她争强好胜的个性就像一把大火一样被点燃了,她又有了跃跃欲试的冲动。

先是给他发暧昧短信表示下好感,接着帅帅又主动约他吃饭,开始那酷哥不为所动,帅帅就穷追不舍,每天一下班就堵在单位门口,就这样,他们越走越近,但除了过街时牵她的手之外,这个男人就跟"五好男人"一样,不肯越雷池一步。

与此同时,他对公司另外一个女孩子似乎也有了好感。

帅帅有点着急了,她明白一个道理:先下手为强,后下手遭殃。

不久机会来了,他俩去天津解决经销商投诉的产品质量问题,本来计划谈完事当晚就回北京的,但帅帅觉得机不可失,于是,晚上客户请吃饭时,她故意把酒桌上的气氛煽起来,于是喝得很晚,只有在酒店开房了。"酒壮色胆啊,洗完澡后,我穿上睡衣,故作惊慌地敲他的房门,说床头柜里发现了小爬虫,然后他就进来,我说我怕……就这样,那晚我和他一直在一个房间里待着,后来我和他发生了关系。"

那晚之后,帅帅正式成了他的女朋友,公司其他想追他的女孩,只能以艳羡和嫉妒的眼光看着,那一刻,她很得意,也很满足。

大约一年以后,他跳槽,然后他们分手,是他主动提的,帅帅没有挽留,也没有觉得怎么舍不得,天下男人多的是,不久之后,她听说他结婚了。

她本来没想过要跟他结婚,但知道这件事后,还是有点不甘心,演播室现场帅帅问我:为什么分手偏偏是他提出来的?他为什么结婚不找我,难道是因为当初我的主动,显得我不自重不检点吗?

我不知道该怎么回答帅帅,女人主动出击追求真爱寻找幸福,这本身无可厚非,但问题是她的方法策略都过于急躁冒进,犯了兵家之大忌。我是男人我很清楚地知道,我们这种性别的人都有这样的劣根性:越容易得到的越不会在意,相反,越难得到的反倒蠢蠢欲动,越想去挑战。

（二）男人追求，女人引诱是最佳的情爱策略

男人为什么都有这种犯贱的心理？其实，这跟前面提到的男人与生俱来的征服欲有关。

不要忘了，无论面对世界还是面对女人，男人都是角斗士，主动性、攻击性和侵略性是他们的雄性本能，正是在这种主动出击和积极进取中，男人的好奇心被挑起，男人的征服欲获得满足。所以在情爱心理方面，男人更倾向于主动性，女人却恰恰相反，天性中的温柔妩媚，使之在择偶方面更倾向于被动性。法国女权运动的先驱波伏娃曾说过这样一句耐人寻味的话，女人追求的爱，其实是被爱。我的理解，只有在被爱中，女人才获得一种幸福感。

这一点在精子与卵子的结合中亦表现得十分明显。通过显微镜观察卵子受精的一瞬间，我们可以发现卵子稳稳当当地静等在一处，这时上亿只精子争先恐后地游向它。其中游得最快的精子第一个冲破卵子的细胞膜，完成受精。我们可以看出，精子具有无条件地冲向卵子、进入卵子的本能，而卵子则有着从无数的追求者中选择出一个候选者的本能，精子的主动出击和卵子的精挑细选好比生活中的男追女，这就是性的原理。

万事万物就是这样相生相克，女人越柔弱，男人越刚强；女人越神秘，男人越好奇；女人越躲躲闪闪，男人越主动出击；女人欲拒还迎，男人反倒迎头赶上。虽说有句话说得好，男追女，隔座山，女追男，隔层纱。但大多数男人不怕翻山越岭，因为中间的千难万险反倒让他感觉到其乐无穷；纱很薄，大多数女人却不愿主动

揭开那层纱，因为聪明的女人知道，神秘的面纱要由男人来揭开才更惊心动魄。

正因为男女存在着主动性和被动性的心理差异，所以我们不难理解，为什么生活中很多男人在追到心仪已久的女人之后，脸上总会露出胜利的微笑，为什么恋爱中的女人一旦跟心上人如胶似漆形影不离，总爱向亲朋好友说上这样一句话："他这个人，很有安全感。"

美国著名两性情感专家约翰·格雷在他所著的《男人约会往北，女人约会往南》一书中提示，恋爱阶段男女约会的全部要义在于：对男人来说，需要从一点一滴的小事做起，显示他对女人的兴趣与关心；而对女人来说，则需要大方地接受他的示爱、他的付出，并且从这些过程中发现自己是不是真心喜欢他。所以男人追求，女人引诱是最佳的情爱策略。

（三）女人在恋爱时不应太主动，但应掌握主动权

相反，如果女人试图打破这层平衡关系，像帅帅那样变守株待兔式的被动为投怀送抱式的主动，那男人的好奇心就会降低，征服欲就会减弱，整个求爱过程就会变得索然无味，如果女人总想方设法取悦男人，满足男人的每个需求，男人不仅少了那层神秘感，还会在潜意识中要求女人，"你还可以为我付出更多"。长此以往，女人一味付出，男人一味索取，男人的主动性变为彻底的被动性，女人的爱情悲剧就不由自主地发生了，很多女性在给我的电邮中总是哭诉：为什么在两性关系中不停地付出换来的却是男人冷漠的表情

和更多的背叛,就在于她打破了男人主动女人被动的情爱游戏规则,让男人丧失了征服女人的乐趣。

《男人约会往北,女人约会往南》这本书中有段话说得好,女人必须注意一点,即使你特别喜欢他,也不要倒追他,套牢他的秘诀是:你要善于对他的追求做出积极的回应。女人的接纳,都是通过引诱表现出来的。女人以引诱响应男人的追求,是非常令人兴奋的,因为男人总在不断地寻找机会证明他能给女人幸福。同时,男人的追求也让女人感觉到,有人正在努力地讨她的欢心。这不仅使女人快乐无比,也让男人体会到追求成功的乐趣。

做了几年相亲交友节目的点评嘉宾和情感导师,发现女性的择偶标准尽管千差万别,但大多数女性似乎都心仪有一定幽默感的男性。这是为什么?因为幽默也是男人追求女人的一种武器,在恋爱的初级阶段,都是男人在追,女人在跑,男人邀约,女人答应,男人在说,女人在听。男人靠语言来打动对方,其中幽默是体现一个男人智慧和宽容的重要标志,包括一些以幽默见长的男主持人,他们在讲笑话和制造现场的幽默效果时,笑声也多来自女观众。这就告诉我们,在两性接触中,男性充当的是幽默制造者,女性则是幽默的响应者。这和进化中形成的男性作为追求一方而女性作为挑选一方的角色地位基本一致:追求方必须花心思去讨好挑选方。

在这方面,女人接受的兴趣是肥沃的土地,使男人兴趣的种子得以成长。你只需做出允许追求的姿态,给他追求的机会,答应他的约会,就已经给了他莫大的恩赐,使得他充满成就感。

我认为,聪明的女人在恋爱阶段不应该过分主动,而应该学会掌握主动权。

也许有人会不以为然，现在是男女平等的年代，凭什么男人可以追女人，女人不可反追男人。看看今年情人节当晚在网络上迅速走红的一条新闻吧，在厦门一家电影院内，一对情侣在浪漫爱情片刚刚落下帷幕的时候就上演了一出求婚大戏。不过这次求婚的主动方是女的，还当场激动得泪流满面，可那男的却一脸愁容，老大不情愿的样子，好像不是女人求他去结婚，而是拉他去坐牢。这就是女追男的恶果。虽说现在草食男、肉食女大行其道，可君不见都是草食男抱得美人归？有多少肉食女成功猎得高富帅的？

我一直主张，**女人不能倒追男人，但可以引诱男人。引诱男人，传统的说法叫"勾引"，当然这个词不太好听，意思是说如果你喜欢一个男人，与其主动追求他，不如吸引他来追求你。怎么吸引？**

首先外表要做足功课，让他觉得你与众不同。

男人跟女人最大的不同，就是男人是视觉动物，一个男人喜欢一个女人，首先是喜欢她的容貌、身材、气质、谈吐，换句话说，男人被一个女人吸引，绝对是被她的外表吸引。这也是美女永远比丑女有更多男人追是一个道理，但女人看男人，或者女人喜欢男人，不一定首先是外貌，这也是丑男往往会有颇多美女青睐的原因。也许有人会说，现实生活中，也有很多相貌平平的女人或者丑女有男人追，甚至嫁得不错。那往往有两个原因，一是这些姿色不太出众的女人通过美容、化妆甚至后天修炼适当地遮蔽了自身外貌的先天不足，让男人中了她们的套，这也是那句老话，只有懒女人，没有丑女人。再丑的女人也有办法让自己变得美丽。二是这些丑女一定遇到了比她还要丑且无能的男人，这些老蛤蟆似的丑男吃不到天鹅肉，只好对跟自己相貌一个水平线的女人下手。

因此男人容易被美女电晕这个残酷的真相告诉我们，女人要想俘获情郎，必须用美人计。在他面前，精心打扮来吸引他的目光，偶尔换个不一样的发型、不一样的裙子，都会让他产生不一样的惊喜。如果你实在不漂亮，也不会打扮自己，那就靠与众不同的个性打动他吧。

其次，要学会用目光说话，而不是用行动和语言。

女人引诱男人，绝不能像男人追女人那样简单直白，主动打电话，一次又一次地邀约，甚至送花送钻戒这些男追女的整套公式都完全不适用于女追男。这样你只会把他吓跑，即便你的热烈一下子打动他了，男人也会觉得主动送上门的女人廉价，不值钱，他也不会好好珍惜。那除了靠美貌和打扮，如何进一步吸引心仪的男人呢？

要学会用目光说话。男人喜欢女人，往往喜欢有意无意地直视甚至偷窥女人的眼睛，由此来判定女人对他是不是也有好感。除非是木头疙瘩，男人通常很在意女人的各种表情。在两个人在一起的场合，要会含情脉脉地看着他，或者经常对他深情地一笑，或者当你对他的谈话内容颇为认同时，要学会用热烈的目光回应他。男人不是傻子，借助你热情的回应，他会考虑下一步的行动方案。特别是你喜欢的这个男人如果对你也有特殊的好感，他绝对不会白白放弃这样一个大好的机会的！

最后，可以适当地用语言暗示。

非常不巧，如果你不是美女，或者你喜欢的那个男人情商也较低，读不懂你热烈的目光。你可以适当地学会用语言来暗示，比如跟他接触的时候暗示他你最近这段时间比较空闲，或者开玩笑自己怎么老没人约，由此试探他的反应。当然也可以用另一种方式，就说最近有其他男人在追你。如果总是没时间见面，也可以用短信和微信时不时问候他一下，关心关心他的身体，了解了解他的工作。如果这些暗示都不奏效，对不起，我劝你还是放弃吧。因为这只有两种可能：一是他对你确实没那方面的兴趣，可能自始至终他只是把你当成了普通的朋友。二是他情商太低，这种男人即便你想方设法把他骗到手了，也会觉得非常乏味，因为他完全读不懂女人的各种身体语言。在一起，将来会有没完没了的争吵和矛盾。

这方面应该学一下古代话本小说和戏曲舞台上那些大家闺秀们，虽说她们一天到晚大门不出二门不迈，但总有机会在家里的后花园一不留神就撞上迷路的书生啊公子啊，各位小姐们并没有一见之下就两眼放光直奔主题，而是粉面含春低头不语，偶尔还来个眉目传情暗送秋波。这种欲说还休的羞态最让男人心急难耐了，然后关键时刻小姐们都会把手帕往地下一掉，书生公子们自然而然会给她捡起手帕。如果说到此为止，也没有什么了，偏偏就是那小姐走到拐角处还转过头来，对公子来个"回眸一笑百媚生"，然后偷偷一乐，掩嘴离去，这下可倒好，那笑声、那背影够让书生公子们三天三夜睡不着觉了，从此一幕好戏就算开场了！看看，这才是勾引男人的高手！女人要想在恋爱中掌握主动权，就得变追求为引诱，请记住，男人没有不上钩的！

五、女强人为何总是情场失意

（一）女强人跟男人之间都有一堵墙

女强人这个词如今好像很流行啊，一个女人只要在职场上抛头露面、敢打敢拼，再顺便谋个一官半职挣了点钱，女强人这顶高帽便不由自主地戴在了她的头上。

男人强吧，似乎是天经地义。女强人，似乎男人见了望而生畏，女人自己也觉得别扭，君不见有几个被冠以"女强人"称号的女干部、女领导、女老板、女经理是"春风得意马蹄疾"的？她们大都人前风光，人后寂寞；人前欢笑，人后落泪；人前衣香鬓影，人后孤独憔悴。**同样是成功人士，男女之间却"同途殊归"：大多数成功的男人背后都有一个女人在默默地支持着；而大多数成功女人的背后却有一段失败的婚姻和破碎的感情。**

都说男人难当，在我看来，做女人更不易。以前，当我们男人怀着无比的优越感俯视女人，称她们为"弱女子"的时候，女权主义者怒不可遏以至揭竿而起。可当她们真的顶起了半边天，成了男人眼中"雄赳赳，气昂昂"的女强人的时候，却惊讶地发现，除了背靠的一堵墙,身边竟没有一个可以依靠的男人,女强人"强大"到最后,竟然不知不觉中跟男人之间竖起了一道不可逾越的柏林墙。

最近看到广东一家媒体的调查,那里近九成的女性不愿意当女强人,而且非常反感这个称呼。与此同时,北方某婚恋网站也做了一个类似的调查,发现85%的女强人婚姻不幸福,要么已经离异,要么至今单身,而且男人最不愿娶的十种女人当中,女强人竟名列前茅。难怪易中天在他写的《中国的男人和女人》一书中慨叹,如今,这女强人几乎成了"女怪物"的同义词了。

前不久,我应邀做客一个财经节目,现场就亲眼看见了三个条件相当不错的女强人,她们当中有身家过千万的女富豪,有谈吐不俗的女画家,也有身姿依然绰约的知名女演员。本来,她们都是当之无愧的"胜女",胜在典雅的气质,胜在不凡的阅历,胜在丰厚的收入。既有丰满的胸脯,也有丰满的腰包。然而,"岁月是把刀,刀刀催人老",在时间这个残酷的竞技场上,她们都没有找到一个最爱的、深爱的、想爱的、亲爱的人来告别单身,反而让身边的亲朋好友倍感压力,于是她们无一例外沦为了乏人问津的"剩女",变成了蔡依林嘴里"没人疼没人爱"的"单身公害"。

那天在现场,一个女富豪愤愤不平:我们高喊男女平等这么多年了,为什么当一个女人真正学会从自尊自爱到自强自立的时候,男人反倒退避三舍落荒而逃了?

这究竟是为什么?

（二）做"小女人"是女性的自然属性

在我看来，还是那句老话，男人和女人是两种完全不同的生物群落，在西方人看来，男人来自火星，女人来自金星；在东方人看来，男人是泥做的，女人是水做的；在我看来，男人是野生动物，女人是筑巢动物。在心理学家看来，男女在精神层面和心理层面上，至少存在三种明显的差异：第一，理性与感性的差异；第二，独立性与依赖性的差异；第三，主动性与被动性的差异。

至少在主观认知上，男人偏理性，女人偏感性；在精神的独立性和依赖性方面，男人倾向于前者，女人则更倾向于后者，在情感表达方式上，男人无疑比女人更为主动。千百年来，男女之间在精神和心理方面的这三种差异是客观存在的，连西方女权运动的先驱波伏娃也承认，女性不是生来就要做女人的，而是被后天培养成女人的。她在西方有部家喻户晓的女性著作叫作《第二性》，所谓"第二性"，是相对于男人的"第一性"而存在的。在这里，无论是女人被后天培养，还是"第二性"这个概念，都等于把女人对于男人的这种依赖性和被动性表露无遗。体现在恋爱中，就是女人置身在男人百般呵护之下的"小鸟依人"，体现在婚姻和家庭中，就是女人按照传统标准塑造出来的"贤妻良母"。所谓女性的娇媚可人、温柔体贴既是女人的天性使然，也同样符合千百年来国人一以贯之的审美情趣。关于这点，我会在第四章《结婚：男人的一个阶段，女人的二次生命》中再进一步探讨。

近年来，社会上一度流行"女人应当做大女人，还是应当做小女人"这个热门话题，无疑是在向男强女弱的传统观念挑战：似乎女性不应该再做被动依赖的"小女人"，而是应该挺身而出，做个独立自主、理性坚强的"大女人"。殊不知，做"小女人"是女性的自然天性，而做"大女人"是后天"揠苗助长"出来的，是社会竞争和男女关系较量的结果，是给不负责任、无德无能的男人逼出来的。所谓"小女人"的自然属性之一，正是情感的依赖性，一个女人正是在被呵护被宠爱、身心可以托付一个男人的被动状态下才可以获得安全感和幸福感，而一个男人却是在保护女性、给予女性依靠的主动行为中，获得一种男性的尊严和满足感。这是男女对爱的需求的最大的不同。

而所谓女强人的横空出世，则是向男人独立女人依赖、男人主动女人被动这种千百年来早已固若金汤的心理堡垒发起了进军的号角，可惜势单力孤寡不敌众，最终遍体鳞伤苦不堪言。

当然，综合分析，女强人普遍职场得意、情场失意的因素有很多，既有我们男人这方面的原因，也有女强人自身的原因。

（三）男性择偶自古以来都是一种俯视心理

先检讨一下我们男人。前面提过，男人表面上很强大，都是角斗士，都有英雄情结，实际上却是一种表面上自大骨子里却很自卑的野生动物。他最怕身边的女人胜己一筹，女人越有本事，条件越上乘，男人就越恐慌，越手足无措，他的成就感和满足感就会变成无本之木，无源之水，他的英雄情结也就无处释放了。因为男人最

爱面子，最怕在能干的女人面前显出自己的无能。

美国密歇根大学和洛杉矶加州大学两个教授曾经对超过300名大学生进行择偶方面的研究，其中120名为男性，研究人员观察优越感是否会影响择偶的意愿。这里的优越感和人格无关，主要指的是身份地位和权势收入。结果发现大多数男性择偶时倾向于他们工作上的助理，而对他们的同事和上司，则不太感兴趣。女性并不会特别考虑优越感。因此，在国外很多企业中，男上司娶女下属，或者一个年轻貌美的女秘书嫁给了事业有成的男老板可谓司空见惯。相反，男下属娶女上司则是凤毛麟角，至于"白骨精"嫁"唐僧"的好像也不多见（唐僧这种男人生活中好像更容易被狐狸精给收服了），而且我发现越是成功男士越对同样事业有成的"三高女性"保持三丈距离。

我认识一个私营企业家，家底丰厚，人也算英俊潇洒知书识礼，身边不少女硕士、女经理、女老板都在暗中打他的主意，可他偏偏娶了一个只有中专学历的小财会，被人戏称为"三低老婆"（学历低、地位低、收入低）。有回跟他吃饭，我问他为何舍高求低，他哈哈一笑，不慌不忙地给我总结出了娶"三低老婆"的三大好处：

第一，"三低老婆"在精神上崇拜丈夫仰慕丈夫，男人可以在家当顶梁柱，不用受窝囊气。而娶个女强人那就倒霉了，人家天天在单位发号施令，回到家肯定也颐指气使，那男人可就永无出头之日了。

第二，"三低老婆"在事业上无欲无求，一下班就回家，是块贤妻良母的料，可女强人就不同了，经常在外面应酬，家谁管啊，男人只好又当爹又当娘，在家做起"模范丈夫"，到时候身边朋友就会忍不住耻笑，瞧，混得还不如老婆，真没出息！

第三，"三低老婆"在经济上对丈夫有依赖感，有助于家庭的和谐稳定；女强人挣得比丈夫还多，独立性自主性太强，自然也就心比天高，说不定哪天山河变色，丈夫就被扫地出门啦！

男人对"三低老婆"的偏爱，在自尊自强的女性看来，无异于一种彻头彻尾的大男子主义思想。但若从自古男强女弱的婚恋模式来看，似乎也司空见惯。一个男人对一个女人的爱，必须建立于前者在后者面前足够强大、足够优势的基础上，这种强大和优势，既体现在年龄、身高、体能上，更体现在权势、金钱和心理上。如果男人在心爱的女人面前处处自卑，时时汗颜，他雄性的征服欲就无从释放，就会产生一种严重的不安全感，甚至在生理和心理上出现双重"阳痿"，从此一蹶不振。所以男性的择偶自古都是一种"俯视心理"：年龄得比我小，个子得比我矮，学历得比我低，收入得比我少——

男人嘛，就那点出息，请记住一句话，帝国主义及一切大男人都是纸老虎！

而一个女强人，从一个男性的眼中看过去，堪比珠穆朗玛峰，高大神秘。虽然男人都想当角斗士，都有征服欲，都有征服名山大川的欲望，但珠穆朗玛峰海拔太高、气候严寒，很难攀登上去，除非是珠峰队员。可如今中国男人个个惜命如金，目光短浅，登个黄山泰山还嫌累，谁愿意把大量精力花在一座难以企及的巨峰上，这大概也是中国式的女强人大都让身边的男人闻风丧胆，只能陷入孤芳自赏的尴尬境地的原因吧？

（四）女强人的内心深处依然是一朵寂寞女人花

男人都不愿意高攀，那女强人是否愿意下嫁呢？答案无疑也是否定的，因为女强人就社会属性而言是强者，但就自然属性而言依然是女人，是"我想有个家"的筑巢动物。女人的本性就是对男人的依赖性，是被爱，是被呵护。即使再坚强再独立的现代女性，内心深处依然是一朵寂寞女人花，含苞待放意幽幽，她朝朝与暮暮，切切地等候，就盼望有一双温柔手，来抚慰心底挥之不去的伤痕。

某种程度上来说，女强人本质上还是弱势群体，否则我们就无法理解为什么当一个女人在经济上和精神上获得"双丰收"以后，大多数并不愿意下嫁给条件比她差的小男人，依然憧憬着一个比她还要优秀还要强大的臂膀？女强人外表再强，骨子里还是个弱女子，还是对男强女弱的婚恋模式执迷不悔。记得钱钟书老先生在《围城》里的一段精妙道白吗？"中国的女人念了几句书最难驾驭，男人非比她高一层，绝不能和她平等匹配，所以大学毕业生只能娶中学女生，留学生才能娶大学女生，女人留洋得了博士，只有洋人才敢娶她，否则男人至少是双料博士。总之，嫁女必须胜吾家，娶妇必须不若吾家。"看来，中国女人嫁老公，却是一种带有一定崇拜色彩的仰视心态：个子得比我高，年龄得比我大，学历得比我高，地位得比我强，挣的也得比我多；跟中国男人娶老婆的俯视心理正好相反。

由于女人择偶都是金字塔形的,站在塔下的女人仰望塔上的男人,以此类推,层层加码,女强人之所以"高处不胜寒",就在于她们都已经是站在金字塔尖的"三高女性"了,还在"举头望明月",想找一个比自己还要强的男人,只好"独怆然而涕下了"。

美国一家婚恋机构曾经做过一个有趣的调查,找来100名单身男女。先把100名单身男性放在一个新开业的大厦里面,按照他们不同的条件、等级、财富,放在不同的四个楼层。一层楼的单身男人是为人老实的普通男子,二层楼则是为人老实同时工作比较稳定的男人,三层楼则是为人老实专一、工作相当出色收入比较丰厚,且长相还很帅气的优秀男士,按照现在流行的一个词,就是"高富帅"。显然,随着楼层的增加,男人的质量也在不断提升。四层楼则是像比尔·盖茨这样顶级的成功男人,但是显示的是"暂时缺货"。婚恋机构要求100名单身女性进来挑选的时候,只能在任何一个楼层选一个丈夫或者选择上楼,但不能回到以前逛过的楼层重新挑选。你们猜,这100名单身女性第一选择是哪个楼层的男子?

刚开始拿到这个有趣的调查的时候,我以为大多数单身女性选的是身处第三层的男子,那里都是高富帅嘛,现在的女孩子不都愿意嫁给高富帅吗?然而,结果大大出乎我的意料,结果显示近70%的单身女性更愿意选择最高层的顶级成功男士,而一、二层的男子几乎无人光顾,哪怕暂时缺货,她们也要苦苦守候,哪怕等到花儿也谢了!

当这个调查反过来的时候,就出现了一个巨大的差异,当100

名单身女性分别按不同的标准放置在四个楼层，一楼的女子年轻漂亮身材好，二楼的女子年轻漂亮身材好，还有丰富的学识，三楼的则将美貌才华和财富集于一身，就是通常所说的"白富美"，四楼则是像中国的杨澜那样的最出色最优秀的女性，结果80%的单身男性直接走到第一层就不想再向上走了。

这个调查你能得出什么结论呢？有人说女人爱幻想，男人更现实，也有人说男人太好色，只看重女人的外表。不过从一个情感作家的角度来解读：男女的择偶心态截然相反，女人永远向上找，期望最完美最优秀的基因跟自己结合，这也是这几年为什么国内总爆出什么亿万富豪公开征婚，万千少女趋之若鹜的根本原因。包括韩剧《来自星星的你》，那个帅气无敌无所不能的外星人都教授让所有的地球男人都相形见绌，因为他就是占据女人心头最高点的最完美男人。而男人的择偶标准似乎更看重第一眼，只要外表足够靓丽似乎其他都OK了。这也是如今优秀的剩女永远多过优秀的剩男的原因所在，女人永远在心里头等待天空中那颗最耀眼的星星出现。

那么，女强人如何获得真正的幸福，我认为既需要男人放下自尊，也需要女人放下架子，关于这个问题，且看下文分解。

六、聪明的女人要学会当个"助产士"

（一）助产士是深受男性欢迎的择偶人群

我有个女同学，从小父母离异造就了她坚强的性格，这种性格坚强到不仅在一家大公司做到了一个重要部门的负责人，而且居然在她怀孕生子的最后阶段，不要丈夫陪不要家人管，一个人住进了大医院。

那时候她丈夫由于忙生意整天在空中飞来飞去，父母家人又远在外地，可能是她一直太要强太能干了，所以对她的"大包大揽"家里人也都习以为常了。谁知一个人住进去以后，她的心情忽然变得烦躁不安起来，事后她告诉我，这种不安中既有对即将成为妈妈的喜悦，也有对即将临盆的恐惧，还夹杂着一种莫名其妙的孤独的情绪。

所幸，妇产科里几名年轻的助产士陪伴她度过了那段煎熬的岁月。她们的温柔体贴，她们的心细如发，她们的笑容可掬，使她如沐春风。在手术台上，她们是医生的好帮手，在病房里，她们又成了产妇的贴心人。我记得这位女同学最后说了这样一段话："以前老公总是嫌我个性太强,脾气太急,在单位总是跟人争强好胜,回到家里也跟他互不相让。这回生孩子住院,看到那些无论怎样忙乱脸上总是挂着亲切微笑的助产士们,她们的温柔,她们的聪慧,她们的淡定给我触动很大,我忽然觉得这才是真正的女人。"

记得国外心理学家曾经做过调查,一个人从事的职业可以对他(她)的性格秉性产生潜移默化的影响:比如推销员一般都伶牙俐齿,钢铁工人大都具有钢铁般的意志,从事秘书工作的心思缜密,而长期担负助产士和护理工作的女性则温柔如水、体贴入微,很有女人味,助产士和护士也一度成为深受男性欢迎的择偶人群。

我唯一一次住院就是上大学那会儿,当时骨瘦如柴的我一不小心得了气胸,结果住进了学校附近一所海员医院,里面几名年轻可人的女护士的关怀备至和如花笑靥让我至今记忆犹新。记得出院以后一年时间,我没事就喜欢往护士学校跑,总觉得将来娶个护士回家那就享尽清福了。不过缘分这东西真不好说,当时喜欢了一个长得像舒淇的实习护士,可惜人家早就心有所属,只好忍痛割爱。后来只要听说身边有同事朋友和护士结婚,就羡慕名不得了。据国内某婚恋网站的调查显示,中国男人最想娶的三种职业的女性中,护士、秘书和教师名列前茅。

(二)要做独立的女人,不要做强势的女人

如果把一个家比喻成一所医院,丈夫是医生,妻子最好当个助产士;如果把一个家看成一个排球队,丈夫是主攻手,妻子则是二

传手；如果把一个家想象成一届政府，丈夫无疑是政府首脑，妻子则是办公厅主任，当然聪明的女人还会兼任外交部部长。 当年宋美龄就是蒋介石身边的外交部部长，凭着一口流利的英文和不俗的谈吐，宋美龄站到了美国国会的演讲台上，帮助当时正处于内外交困之中的中国政府争取到了大量的美援，为抗日战争的最终胜利打下了丰厚的物质基础。

有一个笑话想必大家都听过：高速路上，克林顿夫妇的汽车抛锚了，这时，一位加油站的工人走上前来，希拉里悄悄耳语："亲爱的，他是我的初恋情人。"克林顿得意地一笑："幸亏你没嫁给他，不然你就成不了第一夫人了。"希拉里冷静地回答："不，要是我当年嫁给他，他就是美国总统了。"在我们看来，这个笑话似乎阐述了这样一个道理：聪明的女人要善于当个助产士，在男人成功的道路上扮演不可或缺的角色。如果说，医院里的助产士帮助医生把孩子生出来了，生活中的助产士则把男人的斗志给激出来了，协助男人走向了事业的辉煌。

如果丈夫是刘备、李世民、朱元璋，妻子则是诸葛亮、魏征、刘伯温，站在男人背后出谋划策、指点迷津的女人才是真正聪明的女人。相反，女人如果都想当曹操，把丈夫变成汉献帝，那这个家就离分崩离析不远了，有自尊的男人都不喜欢妻子越俎代庖大权独揽，更无法接受一个整天坐在家里颐指气使、飞扬跋扈的皇太后。

如果一个女人就想当慈禧，也要先看看她的丈夫是不是光绪？何况光绪当年还想通过戊戌变法把老佛爷手中的大权给夺回来呢，只不过反抗未遂，惨遭镇压。

也许有人会不以为然,你这个观点太男权!凭什么男人是医生,女人就得当助产士?难道女人和男人不能平起平坐齐头并进吗?

我觉得在事业上两人可以同舟共济,但在家庭分工中,一家二主最后谁也做不了主,结果就是各不相让一盘散沙。美国著名心理学家爱默生·艾格里奇指出:"一家不容二主,否则婚姻只能以失败告终,都做主也是导致如今很多家庭破裂的最主要原因之一。事实上,这些失败的家庭中没有一个能拍板的人。一个家庭中必须有个能站出来说话的人,因此《圣经》中明确指出妻子应该把家中的责任权交给丈夫。"

丈夫作为一家之主,并不是意味着他总是高高在上,你就需要对他低声下气。而是说他需要在家庭中承担更多责任,当一个男人在家庭中拥有较多权利的时候,实际上是被赋予了更多的责任,权利和义务经常是相辅相成的。

女性择偶都想找个强者,谁也不想找个窝囊废或吃软饭的,倘使你在家大包大揽,他却无所事事,久而久之,他只会对这个家庭离心离德。在我接受的情感咨询中,经常可以看到这样一种家庭分工模式:妻子很强势,里里外外都是一把手,丈夫则低三下四唯命是从,再后来,家里的吃喝拉撒睡丈夫什么都插不上嘴,最后干脆成了没事偷着乐的甩手大掌柜。一个日夜操劳的妻子选择跟她丈夫离婚的时候告诉我:与其养个没用的男人,还不如养条狗!

由此我想起了一句老话,叫"夫唱妇随",中国人自古就用"夫唱妇随"这四个字来形容夫妻相处之道,和谐的家庭关系显然是以丈夫为主妻子为辅的，这不是男权思想封建流毒，而是符合科学发展观的。家好比一座大山，男人就应当是山中的老虎，是无可置疑的"镇山之王"，倘若妻子是个强势女人，也要争当"镇山母老虎"，最终的结果不是"一山难容二虎"，哪怕一公和一母，就是丈夫宛若被阉了的公鸡，终日以漠然的眼神对视，没有半分爱怜，只剩压抑和冷淡。

有一段时间，我在一些情感节目中，经常遇到那种女强男弱的家庭组合：妻子强悍，丈夫软弱。他们的夫妻角色婚姻生活无疑是乾坤颠倒的：妻子在家里说一不二，但并不快乐，因为在她眼中，丈夫是个一无是处的窝囊废，结果妻子越强悍，就越不满足，越瞧不起丈夫；丈夫呢，面对妻子的高压政策，表面上俯首称臣，骨子里却有伴君如伴虎的恐惧，甚至一天到晚都想逃离虎口一走了之。

男人大都喜欢独立的女人，却不怎么喜欢强势的女人。二者的区别在于：独立的女人是我的地盘我做主，只靠自己，不依附于任何人，男人在她们身上读到的是坚强自信和某种程度上难以接近的神秘感，就像我前面提到的"三不女人"，而且越独立的女人越容易让男人心甘情愿地向你求婚（详见第四章第六节）；强势的女人却不仅做自己的主，还要做男人的主，喜欢居高临下，习惯于说一不二的领导作风，里里外外都想当一把手，男人在她们脸上看到的只是一味地强悍甚至是霸道。

前不久跟一个婚姻美满的幸福女人聊天，她说：人人皆知"水可载舟亦可覆舟"的道理，平常只当是论及时事政见，其实放在男女关系的处理上也颇有道理。身为女人，就应温润舒暖如我们所泡的汤泉,看似有形实则无形,却自有另一番力道蕴含其中。相反如果女人显得太过强势,只能让人不敢直视,始终被人保持距离地敬畏着,我不信这样的女人能够幸好快乐。前段时间女人们都在为那个酷似大猩猩的金刚落泪,或许很多女人的心里都会怀想一个金刚似的男人,但还没听说有哪个男人期望自己的枕边依偎着一个可比金刚的女人!

末了,她说的一句话我深表赞同:都说女人是水做的,还是让我们温柔如水,善良如水,聪慧如水吧!

(三)聪明的女人要掌握两招"驭夫术"

因此,一个聪明的女人要想维护家庭的和谐稳定,必须学会两招独特的驭夫术:

一是学会示弱。

张爱玲老早就说过,善于低头的女人是厉害的女人,越是强悍的女人,示弱的威力越大。男人的天性中有种保护欲,同情弱者,怜香惜玉。"最是那一低头的温柔,像一朵水莲花不胜凉风的娇羞。"女人的微笑、娇羞和眼泪,绝对是令男人怜惜到肝儿颤的法宝。

恋爱中,女人最抵挡不住的是男人的进攻,男人最抵挡不住的是女人的眼泪,情场上,优秀的男人都应该做儒家,积极进取;聪明的女人要学会装道家,无为而治。越是事业成功的女人,越要懂得示弱,少一些咄咄逼人,少一些斤斤计较,会让男人更轻松,也

更惬意。

这方面,有"铁娘子"之称的英国首相撒切尔夫人就是善于在丈夫面前示弱的智慧女性。

有一个故事在英国家喻户晓:说的是撒切尔夫人第一天出任英国首相,参加完就职典礼后回家,"嘭嘭嘭"的敲门声惊动了正在厨房为老婆摆庆功宴的撒切尔先生,"谁啊?"撒切尔先生随口问了一句,"我是英国首相!"刚刚荣登首相大宝的撒切尔夫人得意扬扬地大声回答。结果,屋里半晌无语,也没人来开门。撒切尔夫人恍然大悟,她清了一下嗓子,重新说了句:"亲爱的,开门吧,我是你太太。"这一回,声音不高,但很亲切,不一会儿,门打开了,她赢得了丈夫一个热烈的拥抱。

"铁娘子"在丈夫面前示弱的故事似乎在传递这样一个信息:女人适当示弱会让男人很有成就感,而女人始终如一的强势则让男人很有压力感;女人示弱,并非软弱,也不是让你在男人面前摇尾乞怜,而是给男人更多保护你、关心你、呵护你、疼惜你的机会,示弱应该是女人最强的撒手锏了,君不见多少英雄豪杰终究倒在了女人的温香暖玉当中。

我记得林青霞在她若干年前的一本自传中说过这样一段话:男人都喜欢爱撒娇的女人。相反,不会撒娇的女人不讨男人喜欢。撒娇既是女人的一种权利,也是一种独特的魅力,更是对付男人的一项秘密武器,所谓女人一撒娇,男人就发昏。只要是个男人,都有一种怜香惜玉的英雄主义情结,你越弱小,他就越强大,你越楚楚可怜,他就越百般呵护。总之,女人学会小鸟依人,男人才能挺直腰板，否则你总是百尺竿头更进一步，男人只会毫不犹豫地离你而去。

若干年前看过一部韩剧，片名记不得了，只记得里面有个妻子一味地强势，结果强到丈夫忍受不了，最后一头扎进了情人的温柔乡里无法自拔，妻子来找他，他头也不回，他如此绝情的理由居然是："你太强了，有没有我这个丈夫无所谓，可她太可怜了，离了我她活不下去！"

你看看，做女人做到这份儿上，真不知是男人的悲哀还是女人的悲哀？

前不久，我采访一个企业女高管，她长得还行，着急结婚却总也嫁不出去。我问她原因，她说男人都嫌她太硬了。我给的建议很简单，赶紧变软！因为只有女人软下去，男人才能硬起来！这就叫阴阳平衡。

二是偶尔要学会装傻。

清朝著名诗人、画家郑板桥有句名言，叫"难得糊涂"，所谓难得糊涂并非真糊涂，而是揣着明白装糊涂，这样才不会因为锋芒毕露惹人猜忌，显然，此乃古人在险恶江湖的生存之道。我觉得，这也是现代人处理纷繁复杂的人际关系的立身之本，谁都想做个聪明的人，什么是聪明？聪明的最高境界实际上就是大智若愚，这不仅适用于职场上的男人，同样适用于情场上的女人，而聪明女人的最高境界便是该装傻时就装傻。当然不是要像傻大姐那样真傻，而是像薛宝钗那样学会眼观六路耳听八方，该说的时候说，不该说的时候那就少说几句。法国大文豪蒙田也曾说过这样一句话："一段美满幸福的婚姻是由一个视而不见的丈夫和一个充耳不闻的妻子组成的。"台湾一位心理学家也曾提醒女人们：婚前要睁大眼（看清对方的人品，了解对方的性格），婚后则要学会半睁眼（不要事事操心，斤斤计较，要学会大事化小，小事化了）。

前不久我在网上看到一篇文章，是一个能干的"白骨精"以开车为例，讲述她的"装傻"诀窍。

她说有一回跟老公开车出去郊游，平时沉默寡言的他看到马路上来来往往川流不息的车龙，突然幽默了起来："你看一家人出去，只要看谁在开车，就知道这家是谁在做主！"后来她身边好几对夫妻先后离婚了，老公又开始发表总结性讲话："你发现没有，这离婚的几家，都是老公一旁坐，老婆在开车呢！""白骨精"一听，知道老公是故意说给她听的，因此她一言不发，干脆装模作样傻起来了。

那具体该怎么装呢，她举了个最常见的例子：当我们全家外出的时候，尽管开的是我的车，尽管我的开车技术非常好，甚至比老公还好，但我绝对不去抢那个方向盘；在路上，当我老公迷了路，开着车像没头苍蝇似的在大街小巷乱蹦乱窜时，虽然我明明知道该往东走而不是往西走，耽误时间也要咬住自己的舌头，压住自己的怒气，还要把车窗摇下来，探出头去跟他一样东张西望———一句话，要学会装傻！

你说这女人傻吗？我说她一点都不傻，她可聪明了，简直比黄蓉还聪明！（你看人家黄蓉什么时候整天当着外人的面说郭靖笨啦）装傻的结果是什么？她的围城十年固若金汤，百毒不侵！

不信你注意观察一下自己的身边,是不是那些适当的时候会示弱会装傻的女人得到男人更多的疼爱更多的幸福?倘若王熙凤和薛宝钗同时出嫁,哪个婚姻相对美满?答案不言而喻嘛!

第 2 章 男人是视觉动物，女人是听觉动物

男人作为野生动物，为了寻找目标通常都是眼光敏锐，方向感极强，所以男人又是视觉动物，极易被青春美貌所诱惑；女人作为筑巢动物，注重和亲人之间的交流，善于倾听，乐于表达，所以女人又是听觉动物，难挡甜言蜜语的攻势。看是主动感受，听是被动接受；男人是视觉动物，女人是听觉动物。表面上看是男女在感知方面的差异，实际上却是男女主动性和被动性差异的另一种体现。

一、好色是男人的天性

（一）男人一旦恋爱，会变得彻底感性

凤凰卫视主持人窦文涛在他主持的《锵锵三人行》中曾经说过这样一段话："结婚就像开公司，结婚证就是营业执照。一般来说，男人投资的是金钱和地位，女人则投资青春与美貌。显然，女人的资本折旧率很高，容易导致男人撤资。男人可以毁约，但得分一半财产给女人，以示公平。"

倘若把婚姻比喻成一个供求市场，投资金钱和地位的男人显然是买方市场，凭着青春与美貌待价而沽的女人则是卖方市场。对此，某些女权主义者也许会怒不可遏，女人的资本怎么就只剩下了青春与美貌？她的温柔、她的贤惠、她的内涵、她的才华难道男人都视而不见吗？

很遗憾，**男人在求职就业、投资理财、合作谈判方面都很理性，完全的"诸葛亮"思维；可一旦面临恋爱择偶，哪怕是偶尔的艳遇外遇，反倒变得相当感性。**

有个故事说：一个有钱的单身汉要别人给他介绍女朋友，有四

个女人的资料和照片摆在了他的面前：A.貌平才女（才华横溢）；B.商界奇女（精于投资）；C.邻家乖女（擅长理财）；D.大胸舞女（陪舞不陪睡的舞女）。结果他毫不犹豫地选择了D女。

男人就是这样，有时候会把性冲动看成恋爱的冲动，又常常把恋爱的冲动当成性冲动！

不要责怪男人的幼稚可笑，因为男人既是野生动物，又是视觉动物（这就有点像猫、虎这些动物，从大范围讲属于哺乳动物，小范围来说又属于猫科动物）。只要面前出现年轻漂亮的美眉，上自七十的白发老翁，下至十七的懵懂少年，无不两眼放光、目不转睛、头重脚轻、心跳加速、呼吸急促、两腿酥软、浑然忘我。总之，心脏病、高血压、抑郁症乃至神经衰弱、老年痴呆症等各种发病症状全都在遭遇了美女的"视觉轰炸"之后不由自主地表现了出来。**男人虽然不是演员，但绝大多数一见漂亮美眉眼就亮。**王朔在他那部为数不多的长篇小说《我是你爸爸》中，写到爸爸看亚运会开幕式，当身材凹凸有致、穿着鲜艳夺目的女大学生飒爽英姿地走过主席台的时候，在儿子面前一贯是高大全形象的这位爸爸忽然间"走下了神坛"，他瞳孔放大，他面带潮红，他兴奋不已……

所以说时光飞逝如电，都21世纪了，审美观念日新月异，不过有一点请放心，男人好色的老毛病依然改不了，电影、电视剧、文艺晚会、颁奖典礼少了帅哥不要紧，缺了美女就跟一谮菜没放味精一样味同嚼蜡。《投名状》号称是男人戏，可里面不还是有一个叫徐静蕾的知性美女穿梭在李连杰、刘德华和金城武三个男人当中？港姐、亚姐选了三十年，年年喊要重视美女的大脑，提高美女的素质，可舞台上晃来晃去的不照旧是比基尼美女？对于男人这种视觉动物来说，女人的比基尼永远是舞台上最亮丽的一道风景线。连散文大家周国平先生都嚷嚷：我要躲开两种人：浅薄的哲学家和深刻的女人，前者大谈幸福，后者大谈痛苦都叫我受不了，散文家对头脑发达的女人尚且敬而远之，遑论一般的俗世浊男子乎？可以说，男人的好色，是带有某种恒久的，甚至建立在天性上的东西，某种像燃烧的炭一样永远流淌在人的血液里，永远可以点燃欲火的东西，哪怕上了年纪的，也许，都浇不灭。

关于这点，台湾某杂志社做过一个调查，分四个年龄段对男女的择偶需求作了不同的问卷。发现，女人在不同年龄喜欢的男人差别很大，而男人正好相反，不同年龄的男人对女人的第一需求居然从未改变！

18岁至20岁的女孩最喜欢	帅哥
18岁至20岁的男孩最喜欢	跟他年纪差不多或稍大一点的美貌女子
25岁至28岁的女人最喜欢	有一定事业基础、成熟稳重的男人，帅不帅不太重要了
25岁至28岁的男人最喜欢	22岁至25岁年轻貌美的女子
33岁至35岁的女人最喜欢	有共同人生目标，共同语言的男人，经济基础不太重要了
33岁至35岁的男人最喜欢	22岁至25岁年轻貌美的女子
45岁至50岁的女人最喜欢	对我好最重要，其他都不重要

45岁至50岁的男人最喜欢　22岁至25岁年轻貌美的女子

过去都说男人花心，从这个调查来看这个观点某种程度上有偏颇之处，男人一辈子其实就喜欢一种类型的女人，年轻貌美的女子！且至死不渝从一而终！可见，男人是多么不折不扣彻头彻尾的视觉动物啊！

（二）男人其实对真正的裸女并不感兴趣

"爱美之心人皆有之"，在好色方面，男女皆然。这个世界上，其实不光男人好色，女人也好色，要不如今"消费男色"的口号怎会大行其道呢？只不过，女人好色更多停留在精神层面，只是静静地欣赏罢了，男人好色却是深入到肉欲层面，大多想疯狂占有。

在情色方面，男人的想象力比女人要丰富：一旦看到性感妖娆的女人，男人的那点心思就会像机器上的齿轮一样飞速旋转，她衣裳里白嫩光滑的肌肤，丰满诱人的胴体立马好似过电影一般在脑海中一一闪现出来。

美国著名两性情感专家约翰·格雷在他所著的《男人约会往北，女人约会往南》一书中把男女之间的情感吸引分为四个层面，对男人来说，第一个层面是身体的吸引，第二个才是情感的吸引，第三个是精神的吸引，第四个是灵魂的吸引；对女人来说，完全是另一码事，第一个层面是精神的吸引，第二个层面是情感的吸引，第三个层面才是身体的吸引，第四个层面是灵魂的吸引。男女之间这种奇妙的差异在征婚广告中可见端倪：男人征婚，喜欢夸耀自己的责任感和经济实力，并常常宣称"酷爱文学和艺术"——他们知道女人需要什么；女人征婚，有时候仅仅一张悦目的艳照足矣——她们也知道男人最看重什么。

为了测试男女性反应的差异，美国亚特兰大一所大学的教授，曾经对四名研究生进行测试，受测者必须盯着屏幕上的色情图片看，然后测量手指流汗的程度。结果发现，在看同一张图片时，男性的反应明显大于女性。或许这是意料之中的结果，不过该教授有更科学的解释："我们发现，在脑部特定区域，男性的反应比女性更活跃。男性在两侧的腺体和中间的丘脑下部都比较活跃，而女性在同样的区域却没什么活动。"美国著名性学家金赛在他闻名遐迩的《金赛性学报告》中也坦承，有54%的男人在看到裸体女人的影像时，不论照片、绘画还是油画，都会产生性唤起；而女人看到裸体男人时，产生性唤起的只有12%。

有位"90后"的专栏女作家在为某周刊写的专栏里写道：女人看男人，看到的是不同职业、爱好、特长，他所拥有以及环绕他的不同世界；而男人夸女人，无论她是好医生好护士好作家好老师，最后都剥掉她身上的制服，最终到她是一个女人。

我同意这种看法，女人看自己心仪的男人，看到的往往是罩在他身上的诸多光环：比如果敢、坚韧、幽默、淡定、成熟、成功，男人看自己喜欢的女人，不管她的身份多么耀眼，学识多么出众，在他眼中，无一例外都会被剥得精光，只剩下两样东西吸引他：脸蛋、身材。一句话总结：女人喜欢男人，习惯于做加法，会把这个男人看成全天下最完美的男人。男人追求女人,总是做减法,这个女人再优秀,在他眼中首先是一个女人,是一个女人的本能在吸引他。所以,总结来总结去,男人就是视觉动物!

不过,男人看色情图片就兴奋不已,男人看任何职业的女人都直接还原到她的原始身份,并不代表男人只喜欢看裸女。有研究表明,**女人吸引男人最好的方式是欲遮还脱、欲拒还迎,这样才能激发起男人的好奇心和征服欲。女人真要在光天化日之下脱得一丝不挂,男人反倒胆战心惊裹足不前了。**

好莱坞自古盛产女神,但真正享有"性感女神"称号的却是从未在银幕上袒胸露乳的玛丽莲·梦露。风情万种的梦露经常在情人面前宽衣解带,但从不让坐在黑暗的电影院里睁着一双饥渴的眼睛的男观众们一览无余。用句现在时髦的网络用语:人家只脱,但从不裸!梦露和打造她的好莱坞片商们深知男人的劣根性:你越躲躲闪闪他越是勇往直前,你越遮遮掩掩他越想探个究竟,你主动脱个精光,他反而索然无味了。在一个时尚节目中,我曾经对一个无论在任何场合穿着都很"狂放不羁"的美女说过这样一番话:如果一个女人在约会时穿得不那么暴露的话,其实更吸引人,因为男人面对自己心动的女人,容易产生性幻想,他会急切地想知道面前的她一旦脱光衣服以后会是什么样子的,他希望她的裸体对他而言是个惊喜。如果一个女人过早暴露了自己,男人反倒兴趣索然,即使到了床上,他也会觉得该看的都看了,激情会减少大半。

还记得梦露最经典的性感镜头吗?一阵微风袭来,白色的裙裾悄然翻飞,她身体前倾,双手遮掩,此时她粉面含羞,我见犹怜,这组镜头毫无低俗的色情、下流的挑逗，却让全世界的男人看到以后荷尔蒙急剧分泌，也让全世界的影迷惊叹之余长久回味。

（三）男人好色唤起女人对美的执着与追求

中国有句老话叫，女为悦己者容，有时候，**美丽的女人宛如一个开个人演唱会的大牌歌星，需要男人来欣赏和崇拜，好色可以看作是男人对女人最原始的恭维和最贴心的赞美。**有关科学数据还显示：男人看美女10分钟，相当于做30分钟的有氧运动。每天都看美女的男人，血压相对较低，脉搏跳动较慢，心脏疾病也较少，平均寿命可以延长4年至5年。**男人好美色，女人爱打扮。男人好色实际上唤起的却是女人对自身的美的执着向往和不懈追求。有人说，百余年来，所谓美女经济、选美大赛之所以蓬蓬勃勃，归根结底还是抓住了男人好色的心理需求。**

想象一下，如果世界上全是正襟危坐目不斜视的柳下惠、唐三藏，好色的猪八戒们都被当成流氓抓去劳教了，美女们婀娜的身姿没人看，漂亮的衣裙无人赞，将会多么孤单，多么失落。一个美若天仙的女人，如果围在她身边的男人全是呆头鹅、大面瓜、二愣子，不解风情、了无情趣、乏善可陈，没人怜香惜玉、没人大献殷勤，更没人对她温柔体贴和甜言蜜语，估计用不了一周，她就会得抑郁症的，就像一朵鲜花老是得不到园丁的浇灌，也会迅速衰老和枯萎下去的，因为女人是听觉动物。

关于这个问题，请看下文。

二、女人是用耳朵来恋爱的

（一）女人恋爱时最挡不住甜言蜜语的攻势

男人有视觉上的贪婪，上街见到美女，哪怕素不相识，也会左顾右盼心猿意马；女人有听觉上的渴求，总是不停地要男人对她说"我爱你"那三个字，谁对她极尽赞美她就心中窃喜，回家以后还会细细回味。**倘若说追美女是男人在情场上一往无前的兴奋剂，那么听好话则是女人滋补容颜最好的营养品。**

我认识一个恋爱中的女孩，大学毕业以后不久男友就远涉重洋去美国深造，这一去就是三年，中间他们除了鸿雁传书，就是电话传情。每次男友打来越洋长途，女孩就兴奋不已，跟她合租的室友告诉我，每次接电话女孩都脸泛红晕，面带微笑，变成了一朵娇艳妩媚的含羞草。那一刻，天各一方的分离之苦瞬间消失，留下的是绵绵情话的无限温柔。有一次我忍不住问她：三年了，见不着意中人，会不会相思成灾？女孩淡然一笑：开始不适应，后来习惯了，如今反倒是一种享受，因为每天他再忙都会给我打来电话，他的声音很好听，很有磁性，普通话也很标准，深夜听起来就像一股暖流，他挺关心我的，经常会问我开不开心？想不想他？真的，每天能听到他的声音我已经很知足了。有时候他说得很动听，我就抱着电话筒，闭着眼睛享受那种缠绵的时刻。我感觉我俩根本就没分开，每天都在约会，在电话里，在空气中……

呵呵，这真是一个用耳朵来恋爱的女孩。

（二）花儿离不开水，女人离不开赞美

为什么男人易被视觉诱惑？女人喜欢被听觉俘虏？这大概是人类在进化过程中所造成的男女感知差异吧。

远古时代，祖先为了生存，男女有明确的分工：男人负责狩猎，久而久之，视觉敏锐，方向感极强，为女人所不及。所以男人在看人的时候，眼光是直直的。女人负责在"家"（也就是山洞），守住火种、照顾孩子，还得就近采集野果、防止野兽的侵害，这就使她们必须眼观六路、耳听八方，听力特别发达。国外的科学家曾做过实验，在众人说话的场合，女人的听觉神经异常活跃，能迅速分辨出每一个人不同的声音，还能同时接下几个人的话茬，而显然这是男人做不到的。

所以，在恋爱阶段，女人善用耳朵听！而男人却只会用眼睛看了。

记得读大学的时候，酷爱朗诵，有一阵子还到广播电台去客串深夜节目，有一位资深的主持人告诉我，男人与其天生一副帅气的长相，莫若拥有一个磁性的嗓音。女色养眼，男声怡情。男人的

声音如果披上了性感的外衣，同样所向披靡，不仅女人缴械，男人也一样心悦诚服。据说在20世纪80年代的上译厂，声音如王子般华丽的童自荣是收到观众来信最多的一位配音演员，而且绝大多数是妙龄女子火辣辣的求爱信。有的女孩子说，第一次听童自荣的声音，感觉自己就像童话故事里面的那个灰姑娘，心里开出了一朵羞涩的小花，再多听几回，恍惚之间以为自己就要穿上水晶鞋，等着心爱的白马王子来接了——这大概就是"性感男声"的魅力吧？

正因为女人是听觉动物，男人是视觉动物。所以，男人知道用甜言蜜语将女人迷倒；而女人善于将自己最美的一面给男人看。故而，美不美，男人看了以后才知道；好不好，女人听了以后才清楚。

我发现，恋爱中的女人最美丽，是因为男人每天都在说，让女人的听觉一次次得到满足。

有句话说得好：花儿离不开水，女人离不开赞美。**女为悦己者容归根结底还是希望得到心上人的欣赏和赞美，法国女权主义先驱波伏娃曾不止一次地表示，女人眼中的爱，就是被爱。女人像一只温顺的小猫，需要主人的抚摩，女人又像一朵鲜花，渴望雨水的滋润。**女人天生需要不断地被肯定，需要不停地被赞美，充分的肯定会让女人信心百倍，适当的赞美会让女人心花怒放。女人的耳朵就像无线电波，可以接收来自各个方面爱的讯息。这也就是为什么当心上人跟她耳鬓厮磨的时候，女人大都喜欢闭上眼睛仔细回味，慢慢倾听。俗话说得好，恋爱中的女人最美丽，那是因为总有一个人会向她投来热情关注的目光，对她讲热情洋溢的情话，促使女性全身的荷尔蒙急剧分泌，从而风情万种光彩照人。婚后的女人会失落会抱怨,因为男人开始吝啬自己的语言了,特别是那句"我爱你",再也听不到了。听觉的饥渴让女人把婚姻看作了围城。男人忘了,老婆就是那种需要经常哄的小动物,有婚恋专家做过试验,如果一个妻子一周之内听不到来自丈夫的一句动听的情话,她会坐立不安,心绪难平,久而久之,要么红杏出墙,要么以离婚收场。

(三)怎样夸女人?要学会对症下药

怎样夸女人呢?关键掌握一条,要对症下药。如果她年轻,你就夸她青春靓丽;如果她漂亮,你就夸她美丽动人;如果她已人到中年,你就夸她成熟而有风韵;如果她身材偏瘦,你就夸她苗条;如果她稍胖,你就夸她丰满;如果长相欠佳但才华横溢,你就称她为才女;如果她相貌平平但温柔妩媚,你就称她为淑女;如果是年龄较大的女人,你就夸她智慧;如果她年纪很小,你就夸她可爱;如果她喜欢打扮,你就夸她光鲜亮丽;如果她不喜欢打扮,你就夸她天生丽质;如果她性格柔弱,你就夸她女人味十足;如果她性格刚强,你就夸她很有男儿风范。

我觉得,女人的美要让男人看见,男人的爱要让女人听见。对付听觉灵敏的女人,男人应该在音乐声中求爱;对付视觉发达的男人,女人应该在烛光下示爱。因此,概括起来,最浪漫的场景则是:烛光下,音乐在流淌,一个男人手捧鲜花,在心爱的情侣耳边忘情地送上一句"我爱你"。

相信,此情此景,不仅甜蜜温馨,而且永世难忘。

三、女人一辈子听不够的话是"我爱你"

（一）女人喜欢听男人说"我爱你"与缺乏安全感有关

最近，一个结婚三载的学妹在 MSN 上跟我抱怨，说她老公不像从前那样爱她了。

她告诉我，当年他追她的那阵子，每次约会无一例外都是一大捧红玫瑰先在眼前闪现，在她笑吟吟收下的同时，一句深情款款的"I love you"也会紧随其后。婚后头两年，老公哪怕再忙再累，也始终不忘每天临睡前在耳边轻声细语说一遍"我爱你"。然而，流逝的时光不仅带走了女人的青春，也似乎在逐渐淡化男人的那份浓浓的爱意。慢慢地，她发觉，老公越来越金口难开了，那习以为常的三个字就像空气中的浮尘变得越来越稀薄了。

终于有一天，她火了，不停地质问他，你是不是不再爱我了？老公连声否认，那你为什么不再像以前那样每天都说一遍"我爱你"了？老公一愣，起先无言以对，末了，发出一声叹息：这三个字就跟当年伟大领袖倡导的阶级斗争一样，天天讲月月讲年年讲，已经变成了一道紧箍咒，让他喘不过气，长年累月下来，他烦了，他厌了，他倦了……

无独有偶，一个处于恋爱阶段的小男生给我发来了一封邮件，急切地向我诉说他热恋期间的烦恼——那就是女友每天都要让他说上至少三遍以上的"我爱你"，少说一遍，女友就会不依不饶甚至勃然大怒，扭头而去。痴痴的小男生始终不明白：我每天对她言听计从，百依百顺，平时又是买鲜花又是送项链，周末她上街购物、美容美发还全程陪同，为什么偏偏对那三个字那么紧抓不放？

在信的末尾，这个看上去好可怜的小男生一肚子的委屈：我性格内向，不是那种会说甜言蜜语的花花大少，整天要我把那三个字挂在嘴边，比要了我的小命还难受，可是我不说或说少了，她又不高兴，我该怎么办啊？

是啊，女人总是希望她所喜欢的男人不停地在她面前说"我爱你"，可男人，尤其是绝大多数"敏于行而讷于言"的中国男人，却羞于用这种赤裸裸的言语表达爱，这似乎成了一种不可调和的矛盾。也许有人会问，女人为什么会矢志不渝地向男人追问"你到底爱不爱我"，哪怕双方早已步入婚姻的殿堂还穷追不舍？这究竟是基于一种什么样的心理因素？

我认为，这首先得从男女两性巨大的生理差异说起。

众所周知，男女两性的生殖器官迥然不同，做爱的感受也千差万别。通俗地讲，就是男性释放，女性接受。当造物主赋予男性强烈的性欲求，使其对性对象不加选择也可满足性欲望的同时，女性却因为要考虑到怀孕生产等责任重大的问题而处于审慎接受的位置。所以，日本著名情爱小说家渡边淳一在他那本非常著名的两性论著《男人这东西》中，针对男女两性这种巨大的性生理差别作了一个形象的比喻：一方（指男人）是四处推销，一方（指女人）则是谨慎选择，前者更像一个随意上门的推销员，后者则像一个始终保持冷静头脑谨防上当的客户。为此渡边淳一在书中开起了玩笑，或许这种组合更能取得平衡，也更为有效吧。因为如果男人和女人一样，对性伴侣横挑竖拣，若无满意的宁可不要的话，恐怕人类早已灭绝。

由于男人性方面的相对随意性和女人的相对谨慎性，使得后者在两性交往中始终存在一种不安全感和不确定性，女人为何不停地追问男人"你爱不爱我"？为何喜欢男人如此赤裸裸地表白，无非是因为她很在乎这个男人，很怕失去他，很怕他激情过后就会喜新厌旧扬长而去，很怕这份爱会昙花一现稍纵即逝，或者说她还没完全掌握这个男人，不知道他是否真心爱她？不知道他是否值得她全身心付出？尤其是当女人做出一些重大决定之前，比如奉献出第一次、同居、结婚、怀孕、生子等，"你爱不爱我"这个问题被问及的频率会非常之高。

另一方面，和男人相比，女人在体能、年龄、就业、收入上总是处于劣势，而她们又要完成上天所赋予的生育及抚养后代的沉重责任，所以这种极度的不安全感就会在和男人相处的过程中放大，《红楼梦》中的林妹妹动不动就爱使"小性儿"，韩国电影中全智贤扮演的野蛮女友莫明其妙地大光其火，还有港台八卦杂志所捕捉到的一些大牌女星失恋以后就跑到商场疯狂购物，其实都是女人在爱情方面缺乏安全感的体现。

（二）女人是喜欢听好话，靠想象力维生的动物

当然，女人喜欢男人不停地说"我爱你"，除了她很在乎这个男人，很在意这段感情，需要对方不断地肯定、不断地承诺之外，还有一个很重要的原因，那就是跟男人这种视觉动物比，女人是不折不扣的听觉动物。

很多女孩都问过我这样一个问题，为什么跟男友一起逛街，面对迎面走过来的一个素不相识的美女，男友都会一下子两眼发直？我的回答很简单，因为男人属于视觉动物，最易受青春美貌的诱惑；女人恰好相反，在恋爱的初级阶段，反倒抵挡不住男人甜言蜜语的攻击。所以我曾经在一个情感节目里开玩笑，男人要想把心爱的女人追到手，最有效的手段就是不停地赞美她，向她倾诉你对她连绵不绝的爱意，三番五次下来，对方一定乖乖就范；而一个有点姿色的女人要想搞定一个男人，只需在他面前轻解罗裳，就可让他束手就擒。

台湾著名女性情感作家吴淡如在她一本新书里坦承：女人是喜欢听好话、靠想象力维生的动物，她要靠男人不停地赞美来证明自己有多么的迷人，她总是把自己幻想成童话王国里人人羡慕的公主，就像酸涩的梅子也会在糖的助兴下发酵，变成浓醇的梅子酒。而男人的甜言蜜语，无疑就是糖，就是酵母！

(三)男人为啥总是羞于说出"我爱你"这三个字?

这是为什么?

男人追求女人可以不惜一切代价,甭说鲜花钻戒,连汽车洋房都作为垂钓爱情的诱饵,为何却偏偏面对那关键的三个字望而却步?

男人总是不敢轻易说出"我爱你"那三个字,那是因为面对所爱的女人,一个有担当的男人首先激发出来的是一种强大的保护欲,一种深深的责任感:就像父亲保护女儿,兄长爱护妹妹,男人一旦有了责任感,会变得像山一样高大,海一样深邃,既有宽大的胸怀,又有沉默的情怀。当一个男人把对一个女人的爱像种子一样深深埋在心中,你再让他一天到晚嘴巴跟涂了蜜似的信誓旦旦,未免有点矫情。

于是中国女人用上半身来言情,中国男人只好用下半身去思考了:他毫无顾忌地跟你做爱,甚至答应一辈子照顾你,同意和你领结婚证,却从来没说过"我爱你"这三个字!

成龙在为影片宣传造势时坦承,身为中国人,"我爱你"这三个字很难说出口。成龙回想起剧中杨采妮生日对她说"我爱你"的一幕,是用"惊心动魄"来形容。他有点不好意思地告诉记者:"我长这么大从未在大庭广众下讲过这三个字,这次的确是大破戒,而且片场还有超过五十个工作人员围观,讲完之后我立刻脸红了!"

（四）只要在合适的时机合适的地点，男人还是会一吐衷肠

夹在唐宋之间的五代十国时期有个吴越国，它的开国帝王钱镠是个很有作为、很会纳谏的英明之君，他曾命三千铁弩射向钱塘江潮，以示人定胜天治理海潮的决心。他还自制了一种圆木枕头，人睡在上面很容易醒，所以叫"警枕"。不过，钱镠的大名之所以流传下来，除了他的骁勇英明，还在于他的铁汉柔情。

宋人的笔记和明人周清原的拟话本小说《西湖二集》里均记载了这样一个典故：吴王妃每年以寒食节必归临安，钱镠甚为想念。一年春天王妃未归，至春色将老，陌上花已发。钱镠写了封信给夫人，信上有这么一句："陌上花开，可缓缓归矣。"

田间阡陌上的花发了，你可以慢慢走，慢慢地看花，不必急着回来。短短九个字，没有道及"思念"，也没有肉麻的"我爱你"，却情真意切，缠绵入骨，堪称中国古代最动人的一封情书。据说王妃接书后不觉恻然心动道："王爷迈，既有信来，命我归去，安可有违？"遂传谕即日登程，速返杭州。

像钱镠这等君王，后宫起码三千佳丽，但却偏偏心有所属，身在王宫大殿却惦记着远在临安陌上的爱妃，嘱咐她只管怜花惜柳，消受春色，不必急着回归。后人评价：不提他江山坐得如何，只是这一番对爱妃的体贴，对春色的倾心之情，就足以让后人击掌了，缓缓归，缓缓归。多么柔情的一句话，游移在古籍史册中，艳称千古。正如清代学者王士祯在他的《渔洋诗话》中说道："五代时，吴越文物不及南唐、西蜀之盛，而武肃王寄妃诗云'陌上花开，可

缓缓归矣',二语艳称千古。"又在《香祖笔记》中写道:"武肃王不知书,而寄夫人诗云'陌上花开,可缓缓归矣'不过数言,而姿致无限!"

四、患上"听觉饥渴"的女人容易上当受骗

（一）女人一旦患上"听觉饥渴"，极易被骗财骗色

一位情感作家曾主张，恋爱中的男主角的语言，一定要像广告语，可以适当地夸张、煽情，可以诗意，甚至可以虚构。简而概之，就是要大言不惭地说谎，不要眨眼心虚要声情并茂。因为女孩子们都用耳朵恋爱，而男人最好用嘴巴示爱。

我倒不这么认为，一个男人老说甜言蜜语，说多了就会言不由衷沦为花言巧语。

正如男人抵挡不了视觉诱惑，喜欢美女往往会不知不觉陷入"美人计"，自古英雄难过美人关者比比皆是；女人一旦患上了"听觉饥渴"，爱听甜言蜜语之余也极易被哄骗，直至踏上一条有去无回的不归路。

在我主持过的一档网络情感节目中，一名自称"六月飞雪"的大龄剩女来到现场，目的只有一个：恳求网友帮她寻找"老公"，一个信誓旦旦要和她结婚却在结婚前夜突然失踪的"诈骗犯老公"。此前一个月，她在网上各大论坛张贴了一张"千元悬赏寻夫启事"。

她,一个无依无靠的京漂弱女子,一直渴望有个坚强的臂膀,渴望有个温暖的小窝。一年前,一个神秘男子的突然出现,让这颗漂泊的心瞬间体会到了天堂般的幸福,也让她很快尝到了地狱般的痛楚。

他,一个斯文瘦弱,戴着金丝眼镜,外貌酷似徐志摩的旧式文人才子,半年前还口口声声说要娶她为妻,半年后却离奇失踪,从此人间蒸发……

她跟他在一张床上睡了大半年,却不知道这个与她朝夕相处的枕边人的真实姓名和确切年龄,他一会儿叫张某某,一会儿又叫夏某某,自称39岁,身份证上却写着1963年出生,没有人知道他到底是谁,包括北京熟悉他的同事和朋友。

看到一个非常憔悴、略带沧桑的女人就这样一脸无助地坐在我面前,我很茫然,她究竟遇上了一个怎样的男人?一个玩风流游戏玩到一定境界的情场老手,还是一个四处行骗、已经良心缺失的人间恶魔?

那段痛并快乐着的日子,对他来说早已成为过往云烟,也许此刻,他又躺在另外一个女人的床上信誓旦旦,到最后,她连他记忆中的一个符号都不是,她只不过是他某些寂寞的夜晚一个用身体给他取暖的人罢了。

但我看得出,她还爱着他,那段不堪回首的往事,在她眼里并不都是青灰色的惨淡,也曾有过玫瑰色的喜悦。

尽管他们的相识很平淡,既不是神奇的网恋,也不是偶遇在远航的渡轮上,只不过她在他任职的那家文化公司做兼职,平淡得毫无戏剧性，但人世间有些事就是说不清道不明的，一个长得称不上潇洒的眼镜男，一个外表甚至看上去有点冷漠的中年人，竟会让她不由自主地敞开了关闭已久的心门——对此"六月飞雪"给出的解释是，他很懂得倾诉，很会说，虽然没长着一副让女人瞬间心醉的相貌，却有着一张让女人随时心动的嘴巴。

"六月飞雪"告诉我们，她从小在养父母身边长大，七岁那年她突然知道自己和这个家庭是有隔膜的。特殊的成长环境，不太幸福的童年，让她不仅早恋，而且早婚早育了。当她的同龄人还没做好步入婚姻殿堂的思想准备的时候，她就已经背上了一次离婚的伤痛，并且有了一个女儿。因为缺少关爱，当她第一次和他面对面坐在一起的时候，听到对方的真情告白，她竟有着"同是天涯沦落人，相逢何必曾相识"的感慨。

那天他在他那破旧简陋的出租屋里给她做了碗红烧肉，当他俩挤在一个家徒四壁的陋室里品味美食的时候，他告诉她，他39岁了，想找个人过安静而平淡的日子，他说他的年龄已经禁不起大起大落，人近不惑漂在北京太难了——而她善良真诚，温柔体贴，善解人意，她，正是他多年漂泊生涯中一直苦苦寻找的那个女人。

她的心顿时沉浸在一片温柔里，她形容就像一个沙漠中远行的人突然看到了一片绿洲，尽管那很可能只是一株没有结出几颗果实的小树。

很快他们就同居了，一个月后，他向她求婚，她激动莫名，她太想拥有一个家了，在她看来，结婚就是男人对女人最真诚的承诺！

从那以后，婚期成了这个漂在异乡的单身女人最美丽的期待。

接下来故事的发展不用我说聪明的读者都能猜到,他的糖衣炮弹奏效了,她不仅把她的身体,也把她多年的积蓄像掏心窝一样的双手奉上。

而他呢,没过多久就不辞而别,杳无音信,连带着那份婚姻的承诺,银行里存着的上万元血汗钱消失得无影无踪。

无疑,这又是一个无耻之徒花言巧语布置下的感情陷阱,可惜太多善良而单纯的女人还是毫无戒备地跳了下去!

哎,女人啊,女人!听觉动物天生的软肋让她们很容易就迷失在天花乱坠的美丽辞藻和漫无边际的空洞许诺中,尤其是像"六月飞雪"这样一直无依无靠孤苦伶仃的京漂女子,很容易在找不到归属感的漂泊中不知不觉患上"听觉饥渴症",只要有个同病相怜的男人在她们面前动情地倾诉,她们往往就会沦为迷途的羔羊。尽管后来也知道在对方所谓的"痛说革命家史"中包含了太多的谎言,但已无力自救,直至被耍弄,被欺骗,被伤害,被抛弃。

(二)女性如何避免悲剧的一再重演

像"六月飞雪"这样的爱情悲剧并非孤立的个案,在现实生活中,有太多像她这样被孤独的外衣所包裹的单纯女子,患上了"听觉饥渴症",往往在一些陌生男人的花言巧语之下五迷三道,直至被骗财骗色。

那么如何避免类似悲剧的一再重演?

有三点至关重要:

一是增强自信。

自信是女人最好的面膜。自信的女人最可爱，也最容易获得男人长久的青睐。（关于这点，详见第四章《如何让心上人心甘情愿向你求婚》一文）不过，据有关调查显示，容易被巧言令色之徒所哄骗的女子却多半不自信。女人一旦不自信，就会患上"听觉饥渴症"，需要肯定，渴求赞美，此时，花言巧语糖衣炮弹就会乘虚而入。

二是学会排遣孤独。

孤独既是一个单身女性的情感软肋，也是艳遇的催化剂。女人一孤独，寂寞就会如影相随，女人倘若被寂寞的双手所牵引，就会不知不觉被"坏男人"左右，以致上了贼船也不自知。女人要学会在寂寞中变得美丽，而不是在孤独中走向沉沦。

三是不要轻信男人的许诺。

提醒全天下善良而单纯的女人们，和一个不知底细的男人初相识，不要轻易相信他的花言巧语，要学会察言观色，与其听其言，莫若观其行，有一句老话说得好："宁肯相信世界上有鬼，也不要相信男人那张破嘴。"真正坚如磐石稳若泰山的成熟男人，不会轻言承诺，轻许未来。如果一个男人把开"空头支票"当成家常便饭，你要警惕，你遇到的这个男人极有可能就像大街上形形色色的"办证"人员一样不靠谱。要想获得真正的幸福，女人一定要谨记三点，第一，清醒，第二，清醒，第三，还是要清醒。

第 3 章

男人是性爱动物，女人是感情动物

本章主要探讨男女在情感选择方面的差异：多样性和专一性。作为野生动物的男性，在选择性伴侣时往往只图一时快感，不计任何后果，这也承袭了自然界里绝大多数野生动物的基因，性是爱的起点，也是爱的终点，有性才有爱，无爱但照样可以有性。所以，男人又是彻头彻尾的性爱动物。如果爱，也追求刹那的激情、短暂的光辉，这就是男人在感情方面经常左顾右盼游移不定，总是朝三暮四见异思迁的原因。女性则相对专一很多，为了筑巢，为了抚育下一代，女性必须拥有一段持久而稳定的感情，加上女性天生细腻敏感，看重彼此之间的亲密关系，所以跟男性的"性爱至上"观念不一样，女性是不折不扣的感情动物。

一、"性爱分裂症"是男人的劣根性

（一）性是男人征服女人的武器

在情感咨询中，我见过无数这样的案例：男人以貌取人，一见美女就心动，之后就蠢蠢欲动，疯狂行动，经过一番穷追猛打之后，凯歌高奏。美女就像战利品一样被"英雄"俘获，而且直接就被那个男人俘获到了床上。

如果你认为，"英雄"从此爱上了美人，一如古希腊神话、好莱坞电影一样总有个完美的结局，那你就大错特错了。

男人很容易喜欢上一个女人，但从不轻易去深爱一个女人。在生理上，男人总是渴望进入女人身体的最深处，来满足他最原始的征服欲；在情感上，却极力逃避陷得太深，因为男人都以自由为幌子，他最害怕一个女人无休无止地纠缠像一根绳索一样套住他。

所以不少男人是因性而爱，男人一见美女，首先想到的不是罗曼蒂克的爱，不是责任感，而是得到她，占有她，在床上征服她！关于这个问题，我在第一章分析过，在情场上，男人大都是角斗士，这跟男人在两性交往中的主动性、侵略性有关。

男人用性征服女人，这点跟女人不一样，女人是用爱来融化男人。

作为一个男人，我不得不承认，男人的爱情中总是包含性的因素，男人用性来证明他对一个女人的爱，这是他们的本能。男人需要在床上来证明他们的爱情。倘若你喜欢看法国的剑侠片，你会发现一个有趣的细节：英勇果敢的骑士往往在抱得美人归后立马就做起了"那事儿"，实际上是出于这样的心理需求：我是英雄，不仅要在战场上征服敌人，在床上也要征服女人。

什么是爱？对男人而言，第一步就是这个女人愿意跟他发生关系，把身体奉献给他，在床上臣服于他，为什么东西方最传统的做爱方式都是男在上女在下？因为这代表一个男人终于君临天下了，即使在床上，也象征一个男人无可置疑的征服欲。

男人在一生当中，往往通过两种能力来证明自己，一个是工作能力，一个是性能力。因此在床上翻云覆雨的关键时刻，男人经常会出其不意地问女人："我是不是很厉害？"

男人在床上问"我是不是很厉害"，与英雄在战场上炫耀自己的武力其实是如出一辙的，性是男人征服女人的武器，所以要证明。**男人不仅要在战场上当英雄，在职场上做强者，在床上也要成"伟哥"，他希望女人被他的下半身所征服。**

不过，男人这种靠下半身来征服女人的原始欲望有时候未必是发自肺腑的爱，只不过是一个证明，一种逞能，一份炫耀。一旦功德圆满凯旋，男人就会产生审美疲劳，就会索然无味，就会全身而退。关于这一点，陷入爱河中的女人一定要提防。

性是大多数男人情感思维的核心动力，对于男人来说，性是爱的奠基石，爱则是建立在性的基础之上，很多年轻的男孩子一进入热恋状态，就迫不及待向女友提出发生关系的要求实际上是源于男人野生动物的本能。和女人的被动、含蓄、羞怯迥然不同，男人的性带有很强的主动性、进攻性和占有性，这三性合一，构成了男人的征服欲。

在西方社会，男性的性行为代表男性的气概，体现男性的权力，证明男性的身份。它象征了男性对女性的所有权，它是男权社会的核心象征。在传统的做爱姿势中，男人在女人的上位，更强调了文化赋予男性优越感的象征意味。在传统的男权社会，"性"是男人的身份证明，性交则让一名男人在其他同类面前确定他的男性认同，证明他在男性团体中的会员资格，缺乏"性"会让一个男人觉得自己不太像个男人。一个热衷于床上运动的"花花公子"告诉我："每次在床上，我的感觉很棒。每次跟一个女人发生关系，我觉得又征服了一个女人，我喜欢女人臣服于我，如果一个男人在其他方面失败的话，性会让他像个成功的男人。"

在这个问题上，美国性学家海蒂的看法可谓一针见血："父权体制下的性交意味着权力，因为男人可以说：我拥有这个女子，我可以让她受孕。这在早期父系社会等同于权力——在这个庄严的时刻，男性完成了他对生殖的贡献，这是人们讴歌性交的原因。因此，男人必须热爱性交，性交是男性父权文化的庆祝仪式，是上帝为男人创造出来的乐园。"

相反，**否定一个男人的性能力，就等于间接否定了一个男人。**

男人最怕女人在做爱以后埋怨他"时间太短""真没用""真扫兴",一旦这种话从女人嘴里脱口而出,男人就会像一只斗败了的公鸡,威风扫地,久而久之,甚至会引发严重的性功能障碍。

(二)男人的上半身和下半身常常是分裂的

最近收到一个女孩发来的邮件,她说跟男朋友认识不到一个月,在他的软硬兼施下,被迫发生了三次关系。她说本来不想过早地跟他做那种事,为了证明自己的爱,她只好以身相许。万万没有想到,一开始热情似火的男友在三次之后反倒急剧降温了,面对如今开始变得若即若离的他,她心急如焚,她不知道下一步该怎么办?

我给她回信的第一句话就是:你太不了解男人了!

男人的上半身和下半身常常是分裂的:一个男人,他的上半身是绅士,下半身有可能是流氓;上半身是英雄,下半身有可能是狗熊;上半身是天使,下半身有可能是魔鬼;上半身是个严肃的成人,下半身有可能是个调皮的孩子。

男人的脑袋在上半身,他的道义和理智也在上半身,但是他的下半身有时候即使不是魔鬼也是一匹不受道德约束的野马。他上半身多么坚贞,也敌不过下半身的软弱。他上半身哪怕是个革命的志士,下半身也常常像个叛徒,立场不坚定,意志不顽强。

男人有时候就是这副"臭德行"!

我们常常说男人理性,女人感性,但我发现,男人恰恰在性问题上最不理智。

古人云：运筹帷幄之中，决胜千里之外。这不仅仅适用于打仗，男人一旦好起色来，下半身就要运筹帷幄了，上半身随之也要决胜千里，甭说凡夫俗子，连帝王将相、文人墨客都不能免俗。事实上，周幽王烽火戏诸侯，无非就是想博得美人一笑；曹操赤壁一战，一方面是想一统天下，另一方面也是惦记着东吴的二乔，要不后人怎么会写下"东风不与周郎便，铜雀春深锁二乔"的诗句？吴三桂"冲冠一怒为红颜"，成就千古骂名，也是下半身惹的祸；大诗人李白的上半身自诩"仰天大笑出门去，我辈岂是蓬蒿人"，下半身也时不时在风月场所徘徊一下："落花踏尽游何处？笑入胡姬酒肆中"，显然，也是一个离不开酒离不开女人的风流才子；白居易上半身给卖炭翁鸣不平，见了"同是天涯沦落人"的琵琶女还忍不住"江州司马青衫湿"，可"人生七十古来稀"了，下半身还闲不住，经常买个二八芳龄的豆蔻少女来个金屋藏娇。读读白居易晚年那些百无聊赖的闲适诗，你就会发现至少有一打小女子陪伴着他老人家，为他全方位服务——

男人似乎都这样，面对漂亮女人，总是下半身的蠢蠢欲动指挥着上半身的疯狂行动。一旦下半身停止思考了，上半身也不再实践了，因此，男人的喜新厌旧也好，见异思迁也罢，很大程度上是受下半身支配的。这也是在大多数女人眼中，男人都不是什么"好东西"的原因所在，男人太喜欢"一时性起"了。

所以我们就不难理解为什么在男女关系中，两情相悦的开始，最先陷进去的往往是男人，男人是用"下半身思考"来体现对美的欣赏罢了。通过视觉感受美，由神经传达到身体的那个部位，然后天然分泌某些激素，产生某种情愫。因此男人会为性而爱，但性的快感不会维持很久，这跟男人做爱来得快去得也快是一个道理。在第一次亲密接触之后，男人很快就会产生幻灭感。高潮结束的一刹那，男人会对性迅速失去兴趣，他们对女性的热情会像泡沫一般转瞬即逝。此时不能放开手的反而是女人，性关系对女人来说是重要的分水岭。女人跟一个男人产生关系，首先是出于爱，一种爱的基础上的奉献，然而山穷水尽之后，抽身而退的是男性，痴迷纠缠的却是欲罢不能的怨女。要用下半身去留住一个男人，那不过是想抓住他原始的冲动和瞬间的快感，这是多么可悲的一件事！（那么如何才能长久地留住男人的心呢？请参见本章最后一节"女人要用智慧留住男人的下半生"）

一句话：男人因性而爱，无性则无爱，是唯性主义；女人因爱而性，无爱则无性，是唯爱主义。

（三）男人"性爱分裂症"的临床表现

众所周知，在精神病领域，有精神分裂症，那么在性爱领域，我认为也存在着所谓的"性爱分裂症"，因为男人的上半身和下半身经常处于分裂状态，性和爱更是南辕北辙。男人追逐性，却能冷静地在天亮以后和对方说分手，这都是男人"性爱分裂症"的临床

表现。

　　大多数女人很难将情和欲分开思考，如果一个女人不爱一个男人，哪怕他再英俊潇洒再腰缠万贯，她也不会心甘情愿和他发生关系，除非另有所图或者只是偶尔放纵一下；而在男人的主观认识里，男人的"那活儿"是一个能够独立承担责任的个体，可以与身体完全分开行事，所以，情和欲他们分得很清楚。女人做爱却需要安全的环境，需要浪漫的氛围，她才能全身心地投入。男人才不管那么多，随时随地都能"性"起，不管外面有多吵，床单有多脏。

　　一直以来男女活在完全不同的情爱价值系统中（确切地说是一种男权思维），女人感情丰富似乎理所当然，但必须压抑性欲，否则她就是个"坏女人"；男人则应该理性客观，不要情绪化，但可以放纵性欲。如果一个男人情感过于丰富或表现在外，则被认为性格软弱，不像个"男人"，甚至有"娘娘腔"的嫌疑，于是男人只好把上半身的情感流露转移到下半身的情欲发泄中去了。因此，许多男人只有在做爱时才情感充沛，善于表达，而日常生活却保持不动声色的姿态。

　　男人喜欢性还有一个很重要的因素，就是追求做爱的生理快感。男人需要释放，需要发泄，这可能跟男人的产精量高有关，产量高，周期快，就需要推销，需要出口，这跟产品销售是一个道理。男人爱上一个女人多半是因为性，他想跟她发生关系，男人不爱一个女人却跟她发生关系也是为了性，因为此时此刻他已经憋得很久了，他需要通过性来调剂一下枯燥乏味的生活。

当然，男人与女人发生关系也不全是下半身在捣鬼，有时候不过是在给寂寞的心灵取暖罢了。在日本作家村上春树风靡亚洲的畅销小说《挪威的森林》中，男主人公渡边在遇到自己心仪的女孩子之前，就一度放浪形骸，他给出的理由是："有时候需要得到温暖，如果没有，就会寂寞得受不了。"

二、花心是男人的原罪

（一）男人在爱情上具有"多重选择"的动物属性

美国作家威廉·詹姆斯讲过这样一个故事：他的朋友阿莫斯·平肖夫人做了一个梦，梦中发现了人生的意义。睡意蒙眬之中她记录下了几句诗，她相信这些诗句意味隽永，可当她完全清醒过来以后，她惊讶地发现自己记录下来的只是这么几句话：一个配偶还是多个配偶，男人是喜欢多配偶的；一个配偶还是多个配偶，女人只要一个配偶。

从此，女人是单偶制动物，男人是多偶制动物的说法不胫而走。性学家金赛在他举世闻名的《金赛性学报告》中也沿用了这两个提法。

我一直觉得男人和女人，是根本不同的两个物种。正所谓，男人来自火星，女人来自金星；男人是泥做的，女人是水做的；男人是野生动物，女人是筑巢动物。

女人对待爱情就像挖井，越深越好；男人对待爱情却像播种，多多益善；痴情的女子好似一口深井，总是越陷越深；花心的男人

却像风流的种子,喜欢到处播撒。

男人的爱就像生日聚会上买来的大蛋糕,可以同时分给N个人,女人的爱就像家里祖传的法宝,只会交给一个人。

关于这点,德国大哲学家叔本华很早就指出:"男人在爱情方面喜欢多变,而女人则倾向于专一。"日本作家渡边淳一在他所著的《丈夫这东西》中也认为:男人在爱情方面有"复数倾向":具体来说,就是指男人可以在爱着一个女性的同时,又把目光转向其他的女性,男人可以说是一种多情而不定性的动物。

我来总结:**男人在爱情上具有"多重选择"的动物属性,既可以爱着A这个女子,也可以把目光和心思投向B这个女子,在这一点上,女性则截然不同,属于"单一选择"——如果一个女性目前爱上了A这个男人,那么她眼中只会有A,倘若一个特殊的机缘,她又爱上B这个男人,那么,以前关于A的种种爱意就会消失得一干二净,她所有的情感又都会集中在B身上。**

所以说,花心是男人的原罪,谁也不愿把花的心藏在蕊中,空把花期都错过。张爱玲曾经在她的一部中篇小说《红玫瑰与白玫瑰》中一针见血地指出男人这种"鱼和熊掌都想兼得"的心态:娶了红玫瑰,白玫瑰依然朝思暮想;得到了白玫瑰,红玫瑰依然挥之不去。

其实,张爱玲还是把男人给理想化和简单化了,男人终其一生怎么可能只徘徊于两朵玫瑰当中?我倒觉得每个男人的心里至少藏着三朵花:一朵是白莲花,遥远而绮丽,只可远观不可亵玩,她铭记着一个男人的初恋;一朵是红玫瑰,热情似火,震撼如电,不仅可以紧拥入怀，还可以尽情赏玩，她象征着一个男人的热恋；一朵是康乃馨，温馨淡雅，芬芳怡人，她是男人奋斗的动力，也是男人回归的港湾，她代表着一个男人对理想伴侣的期许。于是，**一个男人，在他一生的成长中，他会暗恋一朵白莲花，热恋一朵红玫瑰，却偏偏会选择一朵康乃馨来共度他的下半生。男人总想"狗揽八泡屎"：得陇望蜀贪心恋旧，娶了新伴侣不忘旧情人，有了老婆还要风骚，家里红旗不倒外面彩旗飘飘**。当然，女人当中也有既想有老公又想有情人的，但女人的想法大多停留在精神层面，男人则不同，更乐于亲身实践。

有人说，背叛是男人的血统，博爱是男人的宣言，自由是男人的口头禅，见异思迁是男人一贯的风尚。看金庸的武侠小说，你会惊讶地发现，不仅油嘴滑舌的韦小宝花，风流成性的段正淳花，连优柔寡断的张无忌也是吃着碗里的，瞅着锅里的。还记得《倚天屠龙记》那令人无限怅惘的结尾吧？当张无忌提起笔来，对赵敏笑道："从今而后，我天天给你画眉。"忽听得窗外有人咯咯轻笑，说道："无忌哥哥，你可也曾答允了我做一件事啊。"正是周芷若的声音。张无忌凝神写信，竟不知她何时来到窗外。窗子缓缓推开，周芷若一张俏脸似笑非笑地现在烛光之下。张无忌惊道："你……你又要叫我做什么了？"周芷若微笑道："这时候我还想不到。哪一日你要和赵家妹子拜堂成亲，只怕我便想到了。"张无忌回头向赵敏瞧了一眼，又回头向周芷若瞧了一眼，霎时之间百感交集，也不知是喜是忧，手一颤，一支笔掉在桌上……

身为明教教主的张无忌，武功独步天下，声名威震四方，唯独在儿女之情上唯唯诺诺、磨磨叽叽，赵敏、周芷若，好比是他心中的倚天剑、屠龙刀，哪个才是心头最爱？恐怕说不清也道不明，还有那个杳如黄鹤的小昭，大概也会在午夜梦回的时刻让他魂牵梦萦。只要是个男人，都不可避免地存在着一种灵与肉二者的背离，情感上渴望天长地久，肉体上却免不了见异思迁。前不久有一部电视剧，讲旧社会大宅院里妻妾成群争风吃醋的故事，里面失宠的一位姨太太说了这样一番话，算是道出了男人肚子里的那点花花肠子："女人就是花，开得再好，再艳，总有败的一天。男人就是看花的人，看完了这朵看那朵，永远都看不够！"

（二）雄性动物都有无限传递自己遗传基因的本能

男人的天生多情只能从他的生物属性中去寻找答案。众所周知，任何人身上都存在着二元属性，既有社会属性又有自然属性，一个人的社会属性包括他的权势地位、经济来源、社会关系、人际交往等，而人的本能、欲望以及潜意识、下意识则毫无疑问隶属于他的自然属性，又叫生物属性。人类虽然是一种进化比较完全的高级动物，但归根结底还是动物，在男女关系这个人类永恒的问题上，往往还是潜意识深处的动物属性首先在蠢蠢欲动，尤其是男人，一见女人色心大动，其实就是动物属性占了上风。性在他们的情感交往中往往起到了核心推动的作用，这跟男性独特的生理构造有关。

从生理学的角度来看，男人是一种精力旺盛的雄性动物，他

的生殖细胞非常活跃，每天都会有几十亿个精子产生。数量如此庞大，自然要到处播撒，繁衍生命。 这就决定了男人的性欲仿佛咆哮的海浪一样激情汹涌，难以遏制，只要有合适的时间合适的地点，就想一泄为快。它从属于性欲，跟爱情无关，而且这种性的释放是激情的，瞬间的，短暂的。

相对于男人旺盛的精力，女人则精力不足，一个月才孕育一个卵子，都说女人传统，因为女人在性行为上投入的成本过大，承担的风险过多，一旦怀孕，后果不堪设想。所谓"男人一夜，女人一生"就是这个意思，女人要把自己的一生托付给一个男人，当然必须小心。托尔斯泰经典名著《复活》里面的女主人公玛丝洛娃，就是因为一不留神上了花花公子聂赫留朵夫的贼床，这辈子给毁了，昔日的黄花闺女沦落成了后来的三等妓女，还上了法庭进了监狱，结局呢，被当作苦刑犯流放到荒无人烟的西伯利亚，这就是一个无知少女在性方面付出的惨痛代价！

正因为如此，**男女之间的性差异可谓天壤之别，这从生物进化的角度就可见一斑：出于更多繁衍后代的需要，雄性动物会选择与尽可能多的异性交配，而雌性动物为了保证下一代的优良品种，会选择与尽可能强大的雄性动物交配。之所以会有如此大的差异，是由于二者的生理功能不同：雄性动物可以同一时间与多个雌性动物生孩子，雌性动物由于怀孕和生产周期较长，同一时间只能给一个雄性动物生孩子。**

打个比方，一个男人一年之内先后跟400个女人做爱，有可能生出100个孩子来，同样，一个女人一年之内也跟400个男人上床,也只能生出一个孩子(最多是双胞胎)来,而且如果这个女人在一段时间内拥有的男人太多,孩子的父系基因就会受到干扰,她无法确认这个孩子的父亲到底是谁?但前者就不会出现上述的隐患。**所以男人看重数量,女人看重质量。男人骨子里都向往一夫多妻,女人都想嫁给最成功的男人就是这个道理。**虽然洪晃曾在她的博客里高喊,女人一辈子睡多少男人才值?但现实生活中,像洪晃这样敢于把男人当成"床上用品"的女人毕竟是少数,多数职业女性顶多也就是图一时嘴快,她们更多考虑的还是女人一辈子睡什么样的男人才值?

在动物界,绝大多数都是一个雄性动物与多个雌性动物交配来繁衍后代的。记得小时候看赵忠祥老师担纲解说的《动物世界》,就常常看到,为了争夺雌性动物,雄性动物之间会争个你死我活。而生活在南极的海豹,其强壮的雄性可以占有一群中的全部雌性,如同高高在上的皇帝拥有妻妾成群的三宫六院。

进化总是选择那些最有利于将后代抚养成人的方法和策略。由于这样一个原因,雌雄两性在生育行为规程上有着非常明显的差异。怀孕分娩、哺育后代基本上都由雌性哺乳动物单独承担,为此,她必须在生育下一代方面比雄性付出更多:其中充足的食物必不可少。倘若食物供给不足,她不得不牺牲自己,与其他雌性动物一起共同拥有一个强壮的雄性动物。在弱肉强食的自然界,获取食物资源殊为不易。因而,绝大多数哺乳动物,尤其是那些体形较大的动物,往往选择一夫多妻制,即几个雌性动物与一个雄性动物交配。只有当食物供给非常丰富的情况下,雌性动物才会只选择一个雄性动物作为她永久的性伴侣，实行"一夫一妻制"。

雄性到处播撒自己的种子，雌性借此孕育下一代，这便是自然界的规律。作为雄性动物，都有无限传递自己遗传基因的本能，并且哺乳动物中80%以上的雄性都是拥有多个性伴侣的。前面提到，人类再怎么进化演变，他的生物属性却千载不变：衍续种子，繁殖后代，所谓男人的风流成性，实际上是雄性的本能驱使下的结果。

而男性保持精子质量的年限则相对宽泛很多，从十多岁到六七十岁均可。所以在择偶上，男性可以等，女人耗不起。这也解释了为什么男性在年逾花甲还可以娶个年轻的女子，因为他们人虽老，但精子不老，这似乎也是大自然对女性不太公平的原因之一吧，她们的育龄期太短了。

由此可见，**男性天生具有多恋倾向，女性天生具有独恋倾向，多恋使人想到兽类，似乎男人多兽性，当一个男人到处寻花问柳的时候，我们常常用"兽性大发"或者"禽兽不如"来讥讽他。独恋使人想到的多是从一而终的鸟类，似乎女人多鸟性，"小鸟依人"的形容就顺理成章。**

在性选择方面，雄性动物的随心所欲和雌性动物的小心谨慎也深深影响了一些性学家的判断：早在英国维多利亚时代，保守的第一代性学家艾宾认为：女性天生是性冷淡的，不喜欢性，男人却受性驱使。这一观念甚至渗透到一个世纪之后著名性学家金赛的性学报告中。金赛经过无数次的调查取证得出结论：男性的性生活开始得较早，手淫次数较多，经常享受到性快感，女性恰恰相反。在《金赛性学报告》中，他还有一个论断也很著名："在世界各地的人们当中,男性比女性更多地需要与不同的伴侣的性关系。"

在社会风气相对比较保守的20世纪50年代,美国有一项调查是在3500位18岁至59岁的美国人中进行的。调查表明,美国男性一生平均有六位性伴侣,而女性平均只有两位性伴侣。在西方社会,男性往往将爱与性分离,女性则往往被培养成将爱、忠实、亲密与性画等号的人。女性从小被教育为性关系要以人为中心,性和爱不可分割;而男性则被教育为性关系要以身体为中心,性的目标是肉体的满足。许多女性认为,只有在有感情的情况下,婚前性行为才是可以接受的;而对于男性来说,有感情当然好,但不是非有不可。

(三)男人是以性为轴心向四周发散的性爱动物

要我总结,**在对待性方面,男女最大的差异就是女人是实实在在的感情动物,有爱才有性,无爱则无性,生理及心理上倾向于专情,一生为情所困,很难放下;男人则是彻头彻尾的性爱动物,以性为轴心向四周发散,有性才有爱,无爱但照样可以有性。**

徐志摩有首诗叫《偶然》:我是天空里的一片云,偶尔投影在你的波心——你不必讶异,更无须欢喜——在转瞬间消灭了踪影。你我相逢在黑夜的海上,你有你的,我有我的,方向;你记得也好,最好你忘掉,在这交会时互放的光亮!这首诗道尽了男人对爱情的那点向往——**如果爱,也追求刹那的激情、短暂的光辉,纵使侠骨柔情,在男女私情上也很潇洒——拿得起,放得下,这似乎符**

合野生动物的天性：来如风去如电。

男人在情感世界中追求博爱主义，核心理念是性，是激情，而男人的性释放热烈而短暂，激情的维系也不会长久，为了唤起激情，需要不断更换感官刺激对象。这就是大多数男人花心的生理基础。至于男人跟心爱的女人结婚，则更多的不是爱，而是一种男性特有的责任感在起作用，关于这个问题，我会在第四章第三节"男人结婚多数是出于理性的责任"进一步探讨。

男人这种性爱动物的本性似乎就决定了男人一旦获得性欲的满足就容易厌倦，容易见异思迁，而女人则恰恰相反，女人一旦把身体交给了她心爱的男人，无论是从生理上还是心理上都会紧紧地依附于这个男人——这主要出于抚养下一代的考虑，更多出于女性筑巢动物的本能。由此看来，婚姻上的忠实对于男人似乎是人为的，但对于女人则是自然的。

王家卫有部代表作叫《阿飞正传》，张国荣在影片中扮演的就是这样一个男人，他总是把女人当成"一次性饮料"，一旦用完就毫不吝惜地扔掉，可张曼玉不甘心被他"一次性消费"，跑来质问他："你到底有没有爱过我？"张国荣笑得比冬天还寒冷，"我这一辈子不知道还会喜欢多少个女人，不到最后我也不知道最喜欢哪一个？"

唉，**如果说女人一辈子听不够的话是我爱你，那么男人一辈子想不清的却是我爱谁。**

女人任何情况下，都渴望从男人那里得到爱情，而身为野生动物的男人在多数情况下，只想从女人那里得到性。性是廉价的，很容易得到；而情却是人生的最大奢侈品，多少银子也买不到。

这似乎是女人的悲哀，也是男人的悲哀！难怪一个哲学家会说，首先要把男人看成一个动物，再把他看成一个人。身为野生动物的他们，总是野性难驯。所以，聪明的女人，要想驾驭好这匹野生动物，让他不要随地发情到处乱窜，就要当个驯兽师。

三、什么样的男人最不值得托付终身

（一）风流男人最不可靠

常常有女孩子问我，什么样的男人最不值得托付终身？

我的回答：唐璜似的风流男人。

唐璜是19世纪初期英国伟大的浪漫主义诗人拜伦笔下的一个风流奇男子。

据说唐璜在历史上实有其人。他是西班牙贵族后裔，当过女沙皇叶卡捷琳娜的男宠，后惨遭遗弃，他一方面具有不羁的性格，博学的才气，诙谐的谈吐，冒险的精神；另一方面他荒淫无度，阅尽春色无数。他喜欢追求女人，一旦得到又会将对方毫不留情地遗弃。他风度翩然，巧舌如簧，即使不用金钱也能让各式各样的女人为他神魂颠倒。他跟女人发生性关系向来不把感情放进去，当他得到了一个女人的肉体，他便立刻转移目标，就像一个冷酷的枪手一样寻找新的目标，他追求的根本不是爱，而是一种空洞的男性虚荣感。

两百年过去了，历史上的唐璜早已随着历史的风尘烟消云散，可拜伦笔下的唐璜却永垂不朽，载入了经典。

很多风流才子都以效仿唐璜为荣，尤其一些激情洋溢的艺术家都有着浓得化不开的唐璜情结（当然，也有不少艺术家从一而终，不可一概而论）。

只可惜，男人随心所欲地当起了唐璜，爱他的女人就变得无助而彷徨。

（二）警惕情感丰富的艺术家

打开报纸杂志的八卦娱乐版，在艺术家们风光无限的背后，又有多少女人是"衣带渐宽终不悔，为伊消得人憔悴"？我想起了马龙·白兰度，这位被美国总统布什、被西方各大媒体称为有史以来最伟大的演员，这位20世纪中叶曾经让无数异性为之癫狂的性感偶像，一生离过三次婚，情人不计其数，儿女多得连自己都搞不清楚，光警察局登记在册的就有15个。在《巴黎最后的探戈》中，白兰度倒在了自己情人的枪下，具有讽刺意味的是，现实生活中却足足有六名情妇为他自杀。可以说，马龙·白兰度的一生，既是一部辉煌美国电影史，也是一出让无数女人为之黯然销魂的"爱情悲剧"；我又想起了一位电影大师，这位看上去非常儒雅的"作者电影"的开拓者，对女人的热情和对电影的热情一样难分伯仲，几乎每拍完一部电影，跟他合作的女演员都会跑到他的床上，当他张开怀抱迎来下一部新片的女主角时，原来那个只有躲在角落里默默哭泣……

艺术家，尤其是唐璜式的艺术家都是这样：他们像雾像雨又像风，来来去去只留下一场空。他们一方面像孩子一样天真烂漫，另一方面却又像浪子一样飘忽不定，同时还像情种一样风流旖旎。艺术家哪怕过尽千帆也都是浮光掠影，爱上他的女人永远是最寂寞的海洋，因为他始终不会在对方温柔的心口靠岸……

我曾经认识一个从小就向往才子佳人式婚姻的浪漫女孩，先后跟诗人、画家、导演、文化商人谈过恋爱，每次的全情投入最终换来的都是遍体鳞伤。终于有一天，欲哭无泪的她梦醒了，她毅然决然地和这些唐璜式的艺术家们划清了界限，义无反顾地下嫁给一个世俗小男人，从此享受到了平常的幸福生活。

她应该庆幸她的觉醒，否则她这一辈子都会苦海无边。很多喜欢和艺术家纠缠在一起的女人不明白，所谓艺术家都是一群用特殊材料制成的人，他们和正常人最大的区别在于，前者的荷尔蒙分泌总是处于十分旺盛的阶段。当他们用上半身激情洋溢地埋头创作的时候，下半身也免不了蠢蠢欲动，意大利电影大师贝尔托卢奇在他2002年的一部作品《戏梦巴黎》中借主人公之口说过一句话："革命和性其实是一回事，都是荷尔蒙分泌过剩的结果"，其实艺术何尝不是这样，西方有一位画家就公然宣称："当一个女人上了我的床，我的艺术灵感就来了！"如果把艺术家的创作工程比喻成一场祭祀的话，女人则是其中不可或缺的祭品。尽管这样，很多女人还是会飞蛾扑火矢志不渝，用她那温暖而灼热的胸膛去堵住艺术家这颗子弹，可惜子弹还是穿胸而过，又向另一个女人的胸膛射去——这大概就是千百年来女人和艺术家之间"剪不断理还乱"的恩怨情仇吧?

唐璜式的艺术家总是习惯用"下半身"来获取灵感,而爱上他们的女人却偏偏喜欢用"下半生"来思考未来,这种错位往往导致悲剧——艺术家喜新厌旧之后把自己变成了"陈世美",爱上他们的女人则在黯然神伤之余把自己化作了"秦香莲"。

(三)男人一夜,女人一生

人们常说:**男人一夜,女人一生。什么意思?我的理解,男人的薄情寡义换来的却是女人的真情难收。男人自以为是的多情,常常是女人眼中不折不扣的薄幸。**

奥地利作家茨威格有部著名的中篇小说叫《一封陌生女人的来信》,曾经多次被改编成电影,实际上这就是一个"男人一夜,女人一生"的爱情悲剧。

细雨霏霏的深夜,维也纳的一条黑暗的小巷里走来了一位几近潦倒的钢琴家,在夜夜笙歌之后,这个名叫斯蒂芬的中年男人拖着疲惫的身躯回到了那所破落的旧宅里。忽然间,他在卧室里发现了一封信,一封"陌生女人"的来信,这是一个当天即将死于医院的女人写来的信,她叫莉扎。神思恍惚的斯蒂芬读着读着,仿佛重温了一场悠长的梦:

那是十五年前,当斯蒂芬还是一个英俊潇洒、才华横溢的青年钢琴家时,他无意中成了莉扎的邻居,那一年莉扎才15岁。在音乐猝不及防地闯进她生活的同时,斯蒂芬英俊的面庞也自然而然地成了少女情窦初开的对象。每天她神思梦想，如醉如痴，哪怕后来举家迁到了另外一个城市，也始终忘不了他，因为她的全部身心已经被初恋所浸透！可惜这是一场遥不可及的单相思，直到三年后的某一天，莉扎重回维也纳，缘分竟让彼此创造了偶遇的奇迹。他邀请她共进晚餐，少女时代种下的相思树终于结下了硕果！在缱绻的星光下，莉扎和自己朝思暮想的意中人度过了令她终生难忘的一个夜晚。

之后，四处留情的斯蒂芬彻底消失了，孤独的莉扎在医院里生下了他的儿子。为了守住心中那份美好的回忆，她再也没有去打扰他，而是独自艰难地承担起抚养儿子的重任。甚至在若干年后的一天，他们再次不期而遇，此时他早已把她当成了值得追求的另一个"陌生女人"，而那个仰慕和眷恋他的15岁的小姑娘，已然在遗忘的烟雾中消失得无影无踪。直到儿子不幸夭折，她也卧床不起，为了一吐压抑心中多年的情愫，她才颤颤巍巍地提起笔，给这个一生中唯一爱过的男人写下了这封洋洋洒洒数十页的长信，然而，一切都太晚了。

莉扎的宽容豁达，像一座灯塔，让迷失的男人找到了回家的方向。小说结尾，那个放浪形骸多年，早已从艺术生涯的巅峰跌落下来的斯蒂芬似乎从"陌生女人"的来信中重新发现了生活的动力，在一个晨曦初照的清晨，他抖擞精神，又出发了。但那个痴情的女子呢，却贫病交加，一个人孤苦伶仃地死在了医院里——

在这部经典文学作品里，痴情女子的爱有如一面"照妖镜"，照出了男人的自私和无情。但从另一个层面上看，痴情也成了女主人公的一道精神枷锁，一个贞节牌坊，枉担着一个虚名，却害苦了自己。最后用蜡炬成灰换来了浪子回头，这难道就是爱的代价吗？是否也太惨重了点？

（四）不敢付出真情的男人

我曾经看过西方一份专门研究唐璜情结的精神医学报告，指出，所谓唐璜式的男人大都从小受过伤害，缺乏自信，也缺少对他人的关爱。他们表面上风流倜傥魅力十足，实际上大都玩世不恭游戏人间。他们只会把才华当成吸引女人的"美色"，赢取女人的献身和崇拜，然而在内心深处他们个个脆弱得都像哈姆雷特，吝啬得堪比葛朗台，自我封闭得好似契诃夫笔下的套中人。他们不敢付出真情，甚至刻意逃避感情。

比如马龙·白兰度从小调皮捣蛋，经常挨父亲的揍，偏偏父亲又是个酒鬼，一喝多了小白兰度的屁股就要开花，在家庭暴力下长大的孩子往往缺乏安全感，前面提到的那位电影大师的成长环境也很刻板拘束，身为牧师的父亲经常对儿子呼来唤去，这也养成了伯格曼孤僻冷漠的个性，长大以后只好借不同女人的身体来取暖。

我的意见，像马龙·白兰度这样的艺术家可以欣赏可以崇拜也可以去爱，若想托付终身，恐怕还得睁大眼睛想清楚，别为一时的冲动吞下终生的苦果！

四、痴情是女人永远的软肋

（一）女人通常把爱情当成自己的事业

《唐才子传奇》中有篇《霍小玉传》，说的是歌妓霍小玉和书生李益的爱情悲剧。

霍小玉本是霍王婢女所生，霍王死后，以庶出被逐，沦落为娼。古时候做妓女并非只需倚门卖笑这么简单，还得琴棋书画样样精通，小玉呢，则属于典型的才貌双全，尤其是唱起歌来，如流莺婉转，珠落玉盘。李益，书里说他"生门族清华，少有才思，丽词嘉句，时谓无双"。一个绝代佳人，一个风流才子，宛若天上流云，水里游鱼，注定是天造地设的一对，于是他们一见钟情私订终身了。不久李益以书判拔萃，授郑县主簿。临行前山盟海誓："明春三月，迎娶佳人，郑县团聚，永不分离。"然而，有句老话说得好，宁可相信世界上有鬼，也别相信男人那张破嘴。一年未到，李益就变了心，出于攀龙附凤的需要，他娶了豪门千金卢氏。小玉则相思成灾，卧床不起。一位黄衫侠客出于义愤，挟持这个负心郎来见小玉，此时的一代佳人悲愤莫名，痛责李益，气结而死。临终前，她的一番话如芒刺在背，羞得李益无地自容："李君李君，今当永诀！我死之后，必为厉鬼，使君妻妾，终日不安！"

小时候看中国的古典小说和地方戏曲，经常可以看到类似"痴情女子负心汉"的爱情悲剧，我发现，当爱情这艘航船在险恶的江湖中意外触礁时，女人永远是殉难者，而男人则无一例外成了"爱的逃兵"。

这是为什么？

简单地来讲，爱情在男女的一生中各自所占的分量大不相同。打个比方，恋爱时，男人是女人的整个天空，女人，只不过是男人的一个月亮而已。

做情感节目时，常常有人问我，对待性和爱，男女有什么不同？我的回答：男人是彻头彻尾的性爱动物，性是爱的起点，也是爱的终点，无性无爱，有时候无爱也有性；女人则是地地道道的感情动物，爱是性的起点，也是性的终点，无爱无性，除了妓女和荡妇，女人大都无法接受有性无爱的"床上运动"。

男女的性体验也极不相同：男人的性敏感地带主要集中在性器官，而女人则弥漫全身，甚至有不少女人都不知道自己的兴奋点在哪里，波及全身的刺激反应，常常被恋爱中的女人看作是精神感受，这也是为什么女人的性大多要建立在爱的基础上的原因所在。**对男人来说，做爱就是"做"，一次孤立的性行为，对女人来说，做爱不仅是"做"，还有"爱"，不单是一次行为，而是连续行为，因为做爱会有后果。** 从生理上来讲，有怀孕的风险，从心理上来讲，有贞操的丧失，虽然现在避孕措施极好，贞操观念也日趋淡薄,但意外怀孕的概率依然存在,对于某些观念相对传统的女性来讲,上床并非等同于家常便饭。所以,男人做爱完毕是完成了,女人做爱完毕则是未完成,甚至会心有余悸。如果说,男人做爱调动的是点,女人则是面;男人调动的是平面,女人则是立体;男人调动的是一兵一卒,女人则是千军万马。

大多数男人都有"英雄情结",这在第一章我分析过,这就决定了**男人一生以事业为重,以道义为重。男人通常把事业当作爱情,把舍生取义看成男人的最高目标。而女人则把爱情当作自己的事业,把痴心一片看成女人的终极理想。**正如英国诗人拜伦所说:"爱情是男人生活的一部分,但却是女人生活的全部。"法国女作家莎尔美也承认:"爱情对男人来说好似生活中的插曲,而对女人来说却是她们一生的历史篇章。"所以,自古士为知己者死,女为悦己者痴。孟姜女哭倒长城,杜十娘怒沉百宝箱,七仙女下到凡间和董永双宿双飞,睡美人梦想白马王子把她唤醒,灰姑娘期待着穿上水晶鞋的那一天——都是源自一个"痴"字。就连五岁颂诗百篇,七岁出口成章,十一二岁便诗名远播长安的唐代女道士鱼玄机,在被初恋情人李亿抛弃,被风流才子温庭筠拒绝后艳帜高张,倚门卖笑,心中依然发出如许慨叹:"易求无价宝,难得有情郎!"

(二)女人的专一跟生殖方面要付出巨大代价有关

为何男人花而女人痴?女人可否也像男人一样心猿意马朝秦暮楚?

这恐怕很难,因为从上帝造人的那一天起就决定了男女两性的这种巨大差异。

前面提到,男人的产精量虽然惊人,但含金量却低,女人一个月只诞生一个卵子,但却资源宝贵。事实上,雄性生殖细胞和雌性生殖细胞的差别亦是如此。在生殖过程的初始,雌性就已经吃了大亏,而雄性则占了大便宜。尽管投资相差甚远,收获却机会均等——下一代身上雌雄两性的基因含量永远是相等的。对于人类,投资比例是8500∶1。男女结合生个孩子,实质上就是这么一笔生意。女子一开始就以其巨大而营养丰富的卵子付出了比男子更多的投资额,而从怀孕一开始,十月怀胎,一朝分娩,哺乳喂养,婴幼教育,所有这一切,基本上都是由母亲独自承担。

从纯粹的生殖意义上讲,男人做父亲可谓轻而易举,而女人当母亲则无论身心都要付出巨大的代价。为了保证培育出下一代优良品种,女人必须在相当长的一段时间内只能跟同一男性维持稳定的性关系。鉴于上述理由,男人比女人在性方面更随心所欲——因为他无须对生育承担风险。而女人则倾向于一心一意——因为她的生育周期长且体能消耗大,所以必须心无旁骛。

从原始社会开始遵从的"男主外,女主内"的社会分工,也给男人的花心、女人的痴情提供了不同的社会土壤。男人在外捕猎打鱼,风险与诱惑并存,多重性关系在所难免。女人由于繁衍后代和操持家务,大门不出二门不迈,接触异性的机会微乎其微,专一的两性关系也就顺理成章了。而且自古以来,男性都比女性占有更多的经济资本、社会资本和文化资本,男权至上的社会由此产生了一套男女有别的双重道德标准：女性被要求更收敛更矜持，甚至要对自己的性欲感到羞耻、惭愧，而男性却不必如此。如果一个男人有很多性伴侣，那是成功、性感的标志；而如果一个女人有很多性伴侣，则是无耻、堕落的表现。同在情场打滚，男人是风流倜傥，女人却是人尽可夫；男人恋爱次数越多，越表示他曾经沧海，女人相反，恋爱越多越水性杨花。显然，这是典型的男权至上的腐朽观念。有一种说法，女人是源于各种生理或者社会的原因压制了冲动，而男人由于生理和制度的鼓励放纵了冲动。

由此可见，无论从生物学还是社会学意义上来看，女人都倾向于一对一的择偶观念。和男人随便把艳遇当成"艳欲"，外遇当成外出有本质区别！

我在前面提到，**男人在情爱心理上最大的差异就在于男人是性爱动物，女人是感情动物。表现在恋爱中，就是男人倾向于热烈而迅速地与女人建立肉体关系，女人则倾向于盲目而迅速地投入全部感情；表现在结婚的问题上，男人大都消极怠工，女人则浪漫憧憬；一旦发生婚外恋，男人的外遇以性的驱使为多，女人的出轨却以情的需求为主。**

（三）女人情怀总是诗

女人就是这样，无论强弱美丑，哪怕是八面威风、君临天下的女国王、女皇后，都有一颗纯情少女心，要么向往浪漫的爱情，要么憧憬美满的婚姻。《廊桥遗梦》看过吧？一个久居乡野的中年妇人，被生活的重担磨砺得无精打采，不还在一个潇洒的摄影师的调情下死水微澜？《金色池塘》也看过吧？七十多岁满头银发的老太太，看到湖面上的鸳鸯戏水还兴奋得满面红光，好似时光倒流回到了二八芳龄。过去总说少女情怀总是诗，确切地说，是女人情怀总是诗！是画！是一切罗曼蒂克的奇思妙想！

作为男人，有时候我觉得女人既可敬可爱又可怜可悲，**女人一生的事业就是爱情，没有爱情就没有了婚姻、家庭乃至生活；可是男人的爱情则始终是一生最美丽的点缀，所以很多男人为了事业，会放弃爱情，会不惜一切代价地丢弃爱情，这时候受伤的往往就是那个痴痴的女人……**卓文君之于司马相如，霍小玉之于李益，薛涛之于元稹，古往今来痴心女子负心汉的爱情悲剧总是在不停地上演：都说男人是泥，女人是水，在男人这片沙滩面前，女人总是不由自主地变成一道势不可当的巨浪，迫不及待地冲过来，哪怕最后粉身碎骨，也执迷不悟。有种董存瑞舍身炸碉堡的大义凛然和视死如归。可是，有些男人却是"不明飞行物"，你永远把握不住他的轨迹和方向！倘若说，女人对男人的期望比物价涨得还快，男人对女人的感情比股市变得还勤。

我发现，人世间，花心的男子总是相似的，痴情的女子则各有各的不幸：秦香莲满腹愁怨无人理睬，只好到处开"新闻发布会"揭穿前夫陈世美的种种劣迹；杜十娘面对负心汉来了个"怒沉百宝箱"，让金银珠宝活生生打了水漂，自己也投河自尽香消玉殒；《欲望号街车》里的半老徐娘布兰奇痴痴傻傻，疯疯癫癫，最后被冷血男人无情地送进了精神病院；《胭脂扣》里的妓女如花和多情公子十二少双双殉情,谁承想自己变成了冤鬼,心上人却贪生怕死,苟活了下来……

(四)痴情有时候是一种自虐

无论沧海变桑田,无论时光怎样流逝,**感情始终是女人无法跨越的一道门槛,女人是水做的,在感情上女人永远是一清二白,干净透亮,但水至清则无鱼,人至察则无徒,碰上泥做的男人,水就会被泥污浊,泥却不会被水漂白。所以女人在感情上大都有"洁癖",不容许一段干净的感情被玷污,在情感的角逐里,女人总是充当受伤的猎物,而不是冷酷的枪手。或许,痴情不是一种罪过,但绝对是一种自虐。**有一些花心的男人,注定是女人的毒品,沾上了就要上瘾。从这个意义上来说,秦香莲、杜十娘也好,莉扎、布兰奇也罢,她们的爱情悲剧都在于轻易地就染上了花心男人的剧毒,进而无法自持泥足深陷。

在传统小说和现实生活中,我们常常看到一些痴情女子就像裹足一样,忍着疼痛,将自己束缚在一段狭隘的爱情里,一辈子也不肯变,也不后悔。不管那男人是否有妻室,不管相爱是否有结果,定要默默地、死死地缠住他。她们以为那是忠贞,是痴情。她们总是丢不下最初的那个谎言,仅仅因为这个谎言美丽而动听,她们不愿从梦中醒来而看到现实的丑陋。她们好像吸食了毒品一样迷失了自己,找不到生活的方向。然而,当你不计钱财,不要名分,也不管世俗伦理,越是不能爱,不该爱的,越要去爱的时候,你想过没有，你的低三下四和不断乞求哀怨，只会让那个男人离你越来越远，只会让你失去自我和尊严。男人就是这样一种人，你越高贵他越在乎，你越难以企及他越奋不顾身，你如果低下高贵的头颅，他反倒不屑一顾。

尊严是女人内在的颜容，女人失去了尊严，就等于没有了灵魂，没有自尊地死守一段感情，注定被男人踩在脚下丢弃一边，没有自尊地哀求一个男人，注定被男人视为低贱而不去珍惜。

女人没有金钱可以，但不能没有尊严，没有爱情可以，但不能失去自我。女人高贵的资本就是自尊！女人千万别拿自尊来拯救爱情。否则，你和他的关系成不了罗密欧与朱丽叶，反倒变成了农夫和蛇，你眼中的忠贞和痴情到了这种薄情的男人眼中反倒成了一项可以炫耀的资本。

在这方面我要特别提到一个女人，一个奇女子——唐代的名妓薛涛。

生活在中唐时期的薛涛不仅有绝色的姿容，还有绝世的才情，她的才情美貌曾名动蜀中。韦皋听说她诗文出众，就把她召到府中，要她即席赋诗，小女子眼波流转间一首七律脱口而出，其中"惆怅庙前多少柳，春来空斗画眉长"更引来见多识广的韦皋的声声喝彩。曾为宰相的李德裕在出任剑南节度使的时候，也慕名而来，她和李德裕饮酒作对，还写出了"诸将莫贪羌族马，最高层处见边头"这样见地深远、意境雄浑的边塞诗，让一代名相讶异于这个风尘女子美色之外的眼界胸襟。她和著名诗人元稹之间的交往有口皆碑，她写给如意郎君的一首《池上双鸟》充满浓情蜜意："双栖绿池上,朝暮共飞还。更忙将趋日,同心莲叶间。"但薛涛不是霍小玉,她曾经是想和元稹比翼双飞,一旦心知对方只愿曾经拥有,不想天长地久,反倒坦然面对。相聚无非一个缘字,有缘自当珍惜,无缘不必强求,又何必反复纠缠呢?此时,一个旷世名妓的宽广胸怀让人不由得心生敬意!

忽然间脑海中想起了王菲那首听起来有点心乱如麻的经典老歌《爱与痛的边缘》:"情像雨点,似断难断,愈是去想,更是凌乱,我已经不去想跟你痴缠,我有我的尊严,不想再受损。无奈我心,要辨难辨,道别再等,也未如愿,永远在爱与痛的边缘,应该怎么决定挑选。"

我总觉得,爱上一个不该爱的男人,对一个痴心女子来说,始终是一段处于"实习期"的感情,可能永远也等不到"转正"的那一天,哪怕付出生命的代价,恐怕最后迎来的也只是一个"无言的结局"。如果遭遇这种情况,痴心女子能否让那只在风雨中颠簸的爱情小船暂时靠岸,给对方,也给自己一个重新选择的机会呢?

还是一句老话说得通透:上帝在此关了门,又在别处开了窗。

第4章
结婚：男人的一个阶段，女人的二次生命

男女对于结婚这样一件终身大事有着不同心理状态。这也涉及男女情爱心理的第三个差异——独立性和依赖性的差异。男人是野生动物，本质上是一匹孤独的狼，追名逐利又崇尚自由，男人终其一生都在为事业而打拼，只不过到了三十岁上下，该成家立业了，于是有了筑巢的冲动。一旦大功告成，男人又会远离安乐窝，继续踏上事业的征程。在大多数男人心目中，结婚只不过是人生的一个阶段而已；女人是筑巢动物，守护家庭相夫教子乃天性使然。虽然如今职业女性越来越多，女性在工作中获得重视和升迁的机会也越来越多，但大多数女人依然固守一个传统观念：干得好不如嫁得好，因为婚姻相当于女人的第二次生命。

一、男人天生都有一种狼性

（一）男人骨子里就是一匹孤独的狼

我发现，只要是雄性荷尔蒙正常分泌的男人，天生都带有一种狼性，这种狼性不仅体现在色性上（好色的男人经常被称为"色狼"大概就是这么来的），也体现在野性上。

那么，什么是狼的野性呢？就是喜欢自由自在独来独往，既有攻击性又有隐蔽性，既凶悍又脆弱，既不可一世又外强中干，每当它对天嗥叫，朝地咆哮时，有一种傲视天下的霸气。

狼生来就是叛逆者，也是孤独者，在狂野中狂奔，在秋风萧瑟中独自舔着透骨的伤，为了那传说中美丽的草原，孤独前行。哪怕前方是悬崖万丈，也要奋力去拥抱那血色的夕阳。狼不会为了嗟来之食而像狗一样对主人摇尾乞怜。因为狼知道，傲气不可有，但傲骨不可无，狼从骨子里渴望那种狂野的自由，所以在月圆的夜晚，它们会站在崖边，对月高歌，那是何等的洒脱何等的豪迈！

写到这里，我乐了，有时候，男人不就是在弱肉强食的都市丛林里四处游走的一匹野狼吗？难怪当年齐秦的一首《北方的狼》红遍大江南北，这个不羁的汉子那声凄厉的嗥叫，道出了多少男人道貌岸然下压抑许久的野性啊？

本质上，男人就是一匹孤独的狼，崇尚自由，向往独立，声东击西，来去无踪，既机灵强悍，又孤独忧伤，既是傲世孤狼，又有狼子野心，男人的外部特征虽已进化得"人模狗样"，其内心却仍是兽性未泯，野性未驯。男人是狼，是疯狂的、好斗的、贪得无厌的、索求无度的狼，也是自以为是、自命不凡、狂妄自大、永不知足的狼。有的男人浑身上下散发着嚣张的狼的气息，有的男人外表衣冠楚楚，狼性却潜藏在内心的最深处，人称"披着羊皮的狼"。我把男人之所以称为野生动物，就是这个意思。

有一种男人，总是垂涎于女人的美色，为了占有异性的躯体，他们可以铤而走险，不择手段。为达目的，他们有时也会暂时掩藏起狼的本性，装扮出一副十足的绅士派头，追猎的对象一旦进入伏击圈，他们就会一跃而上，这时他身上披着的人皮会自然落下——对这种无情无义的色狼，女人要小心。

还有一种男人，岁岁年年奔行在风中雨中，为的只是给娇妻和爱子撑起一片晴朗的天空。尽管在外搏杀的日子给他带来满心的疲惫，可当他看到妻儿在温暖的巢穴中露出幸福的微笑的时候，他会忘掉所有的疲乏。为了已经存在的晴空不再坍塌，他们一次次地暂别各自的温馨，在人生的荒漠上，开始一轮接一轮的远征。能和这样的"狼"相守一生，是女人的福分。

有的狼让人恨得咬牙，有的狼让人感动得落泪。

不管怎么说，狼性是男人的自然属性。但是，男人还有社会属性，他还要融入社会，还要建功立业，还要娶妻生子，还要养家糊口，这是男人责无旁贷的重任。可有时候，担子担久了，男人就有了逃避的想法，破坏的冲动。

于是自由成了他们的口头禅，孤独成了他们享受自由的另一种身份。许巍有首歌叫《蓝莲花》，曾经让多少男儿止不住地泪如泉涌："没有什么能够阻挡你对自由的向往，天马行空的生涯。你的心了无牵挂。穿过幽暗的岁月，也曾感到彷徨，当你低头的瞬间，才发觉脚下的路。心中那自由的世界，如此的清澈高远，盛开着永不凋零蓝莲花——"

每次在卡拉OK唱这首歌时，我就在想，心中那自由的世界，那永不凋零的蓝莲花究竟在哪？

终于有一天，一个夜深人静的夜晚，在家重温一部好莱坞经典西部片的DVD时，我恍然大悟，银幕上那横刀立马于荒漠峡谷中行侠仗义的西部牛仔，不就是一匹孤独的狼吗？不就是男人心中无限向往的自由世界吗？

（二）"孤独的狼"的形象唤起了男人心中的野性

德国20世纪杰出的超现实主义作家，诺贝尔文学奖获得者赫尔曼·黑塞曾经创作过一部叫《荒原狼》的长篇小说。小说的主人公哈勒是个正直的作家，他鄙视现代社会生活方式，常常闭门不出，令人窒息的空气使他陷于精神分裂的境地。一天他偶尔读到一本《评荒原狼》的小书，顿觉大梦初醒，认为自己就是一个"人性"和"狼性"并存的荒原狼。一方面他是受到良好教育的知识分子,另一方面他是冲动直率又孤僻的荒原狼。文章所论述的荒原狼是用两条腿走路的人,身上既有人性,又有狼性,正因为如此,哈勒时时刻刻处于一种巨大的分裂和痛苦之中,用他的话来说,就是他身上有两种截然相反的东西在斗争着:狼性和人性。当人性沉睡而狼性苏醒的时候,哈勒就走向堕落;当人性苏醒而狼性沉睡的时候,哈勒就会对自己的堕落和罪恶充满厌恶。正是人性和狼性的严重敌对,使哈勒产生了孤独感和自杀倾向。

小说幻想色彩浓郁,象征意味深远,被认为有"超现实主义"风格,被誉为"德国的尤利西斯"。后世把黑塞誉为继歌德、席勒之后德国最伟大的作家。

美国一位资深影评人士曾经打过这样的比方:"强盗人物也好,西部牛仔也罢,都是经典的孤独的狼的缩影。"

所谓"孤独的狼"反映到电影创作中就是一个徘徊在秩序和组织的边缘的游民,一个彻底远离庙堂之外却驰骋于江湖之上的大侠,中国古代伟大的历史学家散文家司马迁也曾在他流芳千古的《史记》中为这类人士作传,并不遗余力地称赞他们是"赴士之厄困,其言必行,行必果,已诺必诚,不爱其躯"。

日本电影大师黑泽明脍炙人口的武士片,也有不少是关于"孤独的狼"的传奇。我很喜欢大师的一部名叫《保镖》的作品(又名《用心棒》),一个连姓名都语焉不详的武士来到一个常常狂风大作的小村落,适逢村中有两派流氓互相争斗,武士坐到高高的架子上坐山观虎斗。他本领高强,两派都雇了他做保镖。他挑拨离间,终于使得村中爆发了一场决战，狂风呼啸，鲜血四溅，决战之后，武士飘然离去不知所终，身后是流氓的遍地尸骸。

逃避一切的组织和束缚，宣泄对于混乱秩序的愤懑，这就是被影评人士称作经典的"孤独的狼"的形象，他像大地一样苍茫，像雄狮一样强健；他艺高人胆大，义薄云天，一诺千金，一往无前，谁也不知道他从什么地方来，要到什么地方去。这类西部片、黑帮片、动作片之所以受到男性观众的特别青睐，归根结底就在于这种经典的"孤独的狼"的形象唤起了男人心中潜藏已久的野性：能否暂时抛开一切？去一个自由自在的地方做一个无拘无束的独行侠？我总觉得，男人骨子里都是尚未驯化的野生动物，哪怕被繁重的工作锁进了现实的牢笼中，心也还是向往着大自然的。正所谓"高山仰止，景行行止，虽不能至，然心向往之"。哪怕这仅仅是片刻的欢愉，短暂的梦想也好。

一个男影迷曾经告诉我，他从小就喜欢看英雄片，多年以后哪怕结婚生子了还依然故我，他喜欢看周润发穿着风衣戴着墨镜一脸酷酷地穿行在黑暗的街道，此时街道上出现了比黑夜还黑的东西，那一刻，他突然觉得银幕下的他和银幕上的发哥合二为一了，可惜，每当灯光一亮，黑暗的世界归于沉寂，梦就不可避免地醒了——我明白，观看这类影片，对于野性未驯的男人来说，是向灵魂深处的狼性的巡礼，一次被动亦不乏深刻的自省。

（三）男人走向成功就是走进孤独吗

西方谚语说："只有上帝和野兽才喜欢孤独。"人生来具有群体性，一个身心正常的人总是渴望生活在人群之中，与他人进行交流、沟通，害怕寂寞与孤独。然而，**在现实生活中，我们常常看到，某些成功男人忙忙碌碌，承载着家庭和事业，由于一头扎在自己的天地里，很少有时间和别人进行心与心的交流。他们大都像孤岛一样远离人群，像皇宫一样神秘莫测，在事业上当他们产生了一种引以为豪的成就感时，一种深深的孤独感也悄悄地袭上心头。**

有人说，孤独是用精神支付的高消费。孤独的男人通常是成熟的男人。他们一般有自己的事业，有宽松的经济，有丰富而难以忘怀的情感经历，但他们缺少的却是可以完全信赖和吐露心事的亲密无间的朋友。一位曾经采访过很多商界精英的女记者就告诉过我，很多腰缠万贯的成功男士就曾直言不讳，他们不缺钱，不缺老婆，也不缺情人，但缺的是以心交心的知己，不过作为一个习惯于感情从不外露、习惯于什么问题都自己扛的男人，似乎早就安之若素。这大概就是男人的孤独的狼的本性吧。在两性关系中，这也是男女情爱心理一个不同之处：男人崇尚自由和独立，女人却倾向于亲密和沟通。关于这种差异，我还会在第五章详细探讨。

那么男人为何如此渴望自由和独立，男人这种孤独的狼性是如何形成的呢？

男人孤独的狼性既是先天动物属性作用下的结果，也跟后天男性意识形态的灌输密不可分。从小，当女孩子还在父母怀中撒娇卖乖的时候，同龄的男孩子却被父母从亲昵的关系中拉扯出来：要自强，要独立，因为你是男子汉，男子汉要流血不流泪。当男孩子拿到手中第一个玩具——枪的时候，他未来的社会角色已经昭然若揭，一个孤身走我路的孤胆英雄，他必须学会在纷乱的世界中用手中的"枪"去打开属于自己的领地，久而久之，男人把自己铸造成了铜墙铁壁，也把自己的心灵封闭了起来，他们习惯了用"枪"（此时，在职场上，男人手中的枪衍化成了男人手中的权力和金钱）和社会对话，却不习惯放下"枪"和朋友说话。他们会觉得真情流露是内心软弱的表现，多愁善感是"女里女气"的化身。于是，男人们无法通过正常的情感交流建立真正的友谊，当女人们普遍拥有无话不谈的闺中密友时，职场上杀伐决断的男人们却大都陷入了一种不可避免的孤独之中。

有趣的是，男子汉神圣不可冒犯的尊严似乎又在提醒他们：真正的男人应该学会孤独，享受孤独，甚至在《公民凯恩》《教父》等很多名垂影史的经典影片中，也在宣扬这样一种男性哲学——男人走向成功就是走进孤独。男人高高在上也就意味着高不可攀，象征着凛然不可侵犯的男性气概。男人一旦软弱，就会失去自由，就会被同类打败。《海蒂性学报告》就曾经淋漓尽致地分析过男人这种孤独狼性背后的矛盾心态："自由可以有很多种定义：它可能是随心去行动、去定义、追求真实、探讨科学，也可能是心理上的自由，或政治上的自由。但是在此，男人所主张的并非言论的自由，而是挣脱任何束缚的自由，也就是说，真正的男人不必回答别人任何问题。这又是一种大男子主义的版本，它宣告男性有权统治，没有人可以'叫他们去做任何事情'，尤其是女人，绝对不行。"

无形之中，男人走进了孤独的包围圈，成了一头被孤独的巨兽吞噬的狼。

二、男人为何总是把恋爱和结婚当成两码事

（一）男人总是把恋爱和结婚看作是"异母兄弟"

前不久浏览港台的八卦新闻，看到这样一条报道：一对世人称羡的金童玉女热恋正酣，正当粉丝们满怀期待这对有情人早日终成眷属的时候，却惊爆他们分手。狗仔队穷追猛打，本想挖出个神秘的第三者来，却一无所获。后来有知情人出来爆料，分手的原因只不过是女方逼婚男方抗拒。就为一纸婚书，最终一拍两散。

对此，很多女性粉丝感到难以理解：爱都爱了这么多年，住也住在一起这么久了，接下来迈进婚姻殿堂似乎顺理成章。不就登个记领个证吗？男方为何如此抗拒？又不是拉到刑场去作陪绑？怎么就裹足不前以致临阵脱逃了？这是不是一种不负责任的表现呢？

站在女性的角度，我也认为男方这种"中途解约"的行径有点不负责任。女人爱一个男人，除了少数只求片刻的欢愉之外，绝大多数都是想跟他结为百年之好的，这跟女性是地地道道的感情动物有关，就像一首在卡拉OK点播率很高的歌曲所唱的那样："我能想到最浪漫的事，就是和你一起慢慢变老。"而婚姻这种亘古不变

的情感契约则为女性提供了最为理想的法律保障。恋爱是结婚的必经之路，换句话说，结婚是恋爱的必然结果，这在女性眼中是天经地义不容置疑的。

可是男人，这个世界上另一群生物，有时候却偏偏不这么想。

跟女人通常把恋爱和结婚当成是一对"孪生姐妹"（本质上并无差别），男人却普遍把恋爱和结婚看作是两个"异母兄弟"，虽然也有一定的血缘关系，也能住在同一屋檐下，但多数情况下是互不相干的两家人。

（二）男人三十岁之前大都像野狼，不愿安定下来

前几年，美国纽约一家婚恋机构曾经搞过一次抽样调查（调查对象是500名24岁至30岁的尚处于单身状态的上班族），询问他们对于"恋爱与结婚之间的关系"的看法，结果发现，男性和女性对这个问题的看法大相径庭。

72%的单身女性认为，她们选择恋爱，都是以结婚为目的，如果对方一开始就不想结婚，那就没必要去浪费时间和精力。不过，持这种看法的男性却只有25%，反倒64%的单身男性认为，恋爱不一定会发展到结婚，也不一定以结婚为前提，恋爱和结婚有时候是两码事。

对此很多一心一意想步入婚姻殿堂的女性愤愤不平：为什么男人把恋爱和结婚的问题看得如此泾渭分明？难道男人都只想恋爱，不想结婚？还是男人本质上就是一种四处撒欢、不负责任的动物？

冷静下来仔细分析，男人之所以在恋爱和结婚问题上"花开两朵各表一枝"，归根结底还是孤独的狼的本性在起作用。

上文提到，男人骨子里是一匹孤独的狼，漂泊游荡是他的本性。男人追求女人，好比四处觅食的野狼发现可口的美味，只图瞬间的快感而不作长久的打算，吃一顿就走，咬两口就跑，既有攻击性又有不定性，既热情又冷漠，来也匆匆去也匆匆。这就决定了男人恋爱的初始阶段更多是一种不计后果的冲动，一种下意识的生理本能，即使真的堕入情网了，男人也只是今朝有酒今朝醉，哪管明日去或留。相对于女人渴望天长地久的爱情，身上流淌着孤独的狼的本性的男人却只想曾经拥有就足够了，除非这个男人在世俗的压力下有结束流浪生活的打算。对此，善良而痴情的女人们一定要提高警惕，保卫自己。

我发现，**男人在三十岁以前就跟野狼一样，不喜欢被固定拴在一个地方，喜欢不停地追求新的东西，喜欢冒险而刺激的人生**，有一个二十多岁的单身汉跟我形容，每当他的女友暗示要把结婚提到议事日程时，他就有种海里的鱼儿被渔民打捞上岸的感觉。男人都是野生动物，最怕被关进动物园。一旦恋爱，男人只喜欢在那儿扎营，因为帐篷可以随时撤走，但是女人却喜欢建立一个家，跟男人这种自由自在的野生动物相比，女人实际上是向往安定的筑巢动物。关于这一点，我还会在本章第四节详细论述。

也许有人会说，如今的"80后"结婚的也不少，似乎不可一概而论。但仔细观察你就会发现，"80后"普遍结得快，离得也快。结婚如闪电，离异似秋风。今日花好月圆，明日各奔东西。要不怎么出现了一个新词叫"闪婚族"。这是为什么？因为男人三十岁之前还处在血气方刚躁动不安的年龄，结婚往往一时冲动，好比瞬间搭建的楼房，经不起风雨的冲刷。所以女人结婚，最好不要选择二十多岁狼性十足的男人，除非他的心理年龄提前进入"而立状态"，否则无异于"与狼共舞"。到时候所托非人，就后悔莫及了。

（三）对于男人来说，结婚意味着自由自在生活的结束

一直以来，女性和男性其实活在两个不同的世界之中，各有一套互有关联的价值系统：女人倾向追求亲密，男人却崇尚自由独立。男人这种独立的个性来源于少年时代父母老师的教诲，社会角色的定位：女孩子可以从小靠父母将来靠丈夫，但男孩子不行，一个有出息的男人必须学会独立自主，否则他就有愧于"男子汉"这个称号，将来也会被人瞧不起。女孩子可以当父母怀里的"贴身小棉袄"，男孩子则必须学会从与家人过于亲昵的关系中分离出去。因为，好男儿要志在四方。渐渐地，在竞争激烈的社会环境下当男人都习惯于孤身走路，习惯于把所有问题都自己扛以后，他就有可能会对婚姻所形成的长期稳定的亲密关系产生本能的抗拒。国外心理学家发现，单身男性恐婚一个很主要的缘由就是担心婚后失去自己的独立空间。哪怕很多恋人实际上已经处于事实婚姻的阶段，男人还是会认为一旦有了一纸婚书的约束，便会使自己不得不为了这份责任而放弃很多自由。

可女人不这么想，越是传统的女性，越是容易把结婚当成恋爱的目标，即使一开始只是建立纯粹的恋爱关系，久而久之，女性也会产生跟他结婚的打算，尤其是当她委身对方后，这种今生就跟定他的感觉更为浓烈了（逢场作戏的新潮女性除外）。这样一来，男女双方很自然地会产生争执。一旦身边的恋人开始设想构筑爱巢，盼望早日成婚，这时候，还是十足"野狼"心态的男人就开始躲躲闪闪裹足不前了，到底是爱情重要，还是自由重要？如果现在就结婚，会不会牺牲我的事业？她是不是那个值得我负责一生的女人？如果不是，我是不是不该再耽误人家的青春？这个时候，还未做好结婚打算的男人就有全身而退的打算了。因为，不适当的时候选择结婚好比是戴着镣铐的犯人举行了一次"刑场上的婚礼"。男人喜欢在女人面前冒充大英雄，但在关键时刻，男人有时候免不了会扮演"爱的逃兵"的角色。

对男人来讲，结婚实际上意味着自由自在无拘无束的青春时代的结束。不要以为只有女人留恋青春，男人都渴望成熟，其实，也有为数不少的男性只想做个"快乐的单身汉"，尽情地享受爱情，享受不同的女人给他带来的不同的人生体验，即使寻找固定的伴侣也是能够在一起愉快地消磨时光的，暂时不想考虑终身大事的年轻女子。所谓"在一起愉快地消磨时光"，包括轻松地交谈、欢快地交游、共享相同的兴趣爱好以及和谐的性生活。而一旦为人夫为人父就不可能再如此的纵情享乐了。因为**结婚就意味着孤独的狼的日子的中止，意味着从此要对一个女人负责。从新婚开始，一切将被家庭这一框框所束缚，凡事都不能像以前那样随心所欲了。在大多**

数狼性十足的男人眼中,所谓结婚,就等于决定或同意自己的下半辈子交给一个女人来约束,一想到这一点,以自由为己任的男人就觉得脊背发凉,冷风飕飕。

男人穷其一生,无非在追求两样东西,一是权力,二是自由。前者让男人享有统治权,所以男人总梦想着升官发财,有了权有了钱,男人就可以高高在上唯我独尊了;后者让男人拥有选择权,所以男人都渴望着三妻四妾,"今天朝三明天暮四",男人就可以左右逢源自由穿梭。有时候男人不是害怕结婚,而是害怕没完没了地负责,单位的项目和业绩他要负责,生活上的衣食住行他要负责,赡养父母传宗接代他也要负责,连随心所欲"泡个妞"也得负上永久的责任。男人总想扔掉所有的枷锁谈一次不用负任何责任的恋爱。

男人喜欢恋爱不喜欢过早结婚,还有经济方面的因素。可能他事业还不够稳定,可能他的收入还不足以养家糊口,可能他的温饱问题尚未解决。所谓"泥菩萨过河自身难保",当一个男人在经济上还不够强大到给他心爱的女人一个有力的物质保障时,他也会暂时远离婚姻。

坠入爱河,女人比男人慎重,可选择结婚,男人却比女人犹豫甚至胆小。

那是因为爱情与婚姻之间的最大区别,在于前者只是口头约定,男人可随时撤资,而后者却以一种契约的形式规定了男人永久性的经济义务和情感责任,不到万不得已,男人不能中途毁约,否则,必须付出高昂的赔偿。这对男人来说,无异于人生最大的一笔

投资，在关键时刻，男人这种野生动物难免瞻前顾后，畏缩不前甚至胆小如鼠。

（四）男人是种表面坚强实则暧昧的野生动物

女人无时无刻不幻想着和自己的心上人双宿双飞，成为世人羡慕的"绝代双娇"，可男人呢，即便心有所属，内心深处依然想变成在广阔天地中自由翱翔的"大地飞鹰"。不过，面对女人，男人却常常充当"多情剑客无情剑"的角色，表面上多情，骨子里却很无情。

有些男人就是这样：他们既追求女人，又不相信女人；既喜欢女人，又害怕女人，对着一个他不太爱的女人，他不愿意承诺，对着他深爱的女人，他也不敢承诺。他太爱她了，他很想承诺，却又害怕无法给她一生的幸福，害怕她嫌贫爱富嫌弱爱强，将来投入其他有钱人的怀抱，都说女人缺少安全感，男人有时候也会患得患失，面对一个总想跟他结婚的女人，他又担心自己会沦为一张长期饭票。

男人是什么？男人是看起来好像很坚决，实际上却很暧昧；好像很坚强，实际上却很脆弱；好像十分坚定，实际上却总在摇摆之中，表面上干脆利落，实际上却很婆婆妈妈，男人就是这样一种游移不定瞻前顾后的野生动物。

过去，我们总是习惯于把驰骋在战场上职场上的男人称为"男子汉大丈夫"，但有时候，男人一到情场上，就好像变成了"男子汉大豆腐",外强中干,且是非不明,黑白不分,男人在处理情感问题上的这种暧昧状态年龄越大越明显。如果再纠缠于多个女性之间,更是剪不断理还乱。看看金庸笔下的几个男人,张无忌、段正淳、韦小宝全都是这副德行。

三、男人结婚多数是出于理性的责任

（一）三十岁左右的男人，会进入结婚这个人生阶段

男人喜欢把恋爱和结婚看作两码事，并不代表男人都拒绝婚姻。只要时机成熟，男人还是会结婚的。

那么，男人在什么情况下会去结婚呢？

中国有句老话，叫"三十而立"，所谓"立"，既指的是立业，也有成家的含义。三十岁前后的男人事业已经有了一定的基础，对人生的看法跟二十出头刚刚毕业走向社会的毛头小伙也大不相同了，后者初出茅庐，首先考虑的是怎样在社会上安身立命，先立业后成家是那个年龄段男人的普遍心态，即使恋爱也只愿维持一种自由宽松的两性关系，因为此时经济基础尚不稳定，谈婚论嫁无异于痴人说梦。加上二十多岁的男人狼性十足，最怕一段稳定的感情将他绑死。如果一个女孩亲热过后，轻轻柔柔的一句"亲爱的，我从此就是你的人了"，顿时就会像蜘蛛丝缠住男人，让他有种插翅难飞的感觉。

大多数男人一接近三十岁，想法就大不一样了。

这个时候身边的同事、同学陆续步入婚姻的殿堂,父母也在不停地催促,加上又遇上一个适宜的结婚对象,男人就会逐渐流露出结婚的打算。"毕竟三十岁了,差不多到了结婚的年龄",于是,"三十而立"仿佛是一道紧箍咒,不时提醒男人该娶媳妇,该成家立业了。关于这个问题,日本情爱作家渡边淳一曾在他写的《男人这东西》的续篇《丈夫这东西》中作过调查分析,他认为:"这种虽说还不到着急的程度,却总有一种被什么东西不断催促的感觉,可以说是男性结婚最大的理由。"

我基本同意这种看法,**三十岁左右应该成家立业这种笼统的、一般性的常识或观念,对男性的影响极大。也就是说男性的思维方式,是一种"他结婚了,我也该结婚"的附和雷同式的、向社会看齐的横向思维方式。如果此时事业上趋于稳定,男人更会产生筑巢的冲动,虽然男人本质上是野生动物,但野生动物不等于盲流,也需要有个窝,当事业有了基础,他就要为构筑家庭作打算。**

男人深知,事业跟家庭相辅相成,如果没有稳固的大后方,男人要想在事业上更上一层楼难以想象,而很多企事业单位,在提拔干部的时候也往往愿意首先考虑已婚男性,因为男人一结婚,就有了责任感,对单位对领导也更有归属感。三十岁前后的男人,很自然就进入了结婚这样一个人生阶段。

(二)结婚是男人获得主流社会价值观认可的重要坐标

写到这里,也许有人会提出疑问,男人不都是狼性十足的野生动物吗？他们追求自由，崇尚独立，最怕被一段稳定的感情绑死，为什么又会心甘情愿地走进围城？难道他们不怕婚姻这种情感契约成为捆住他们自由的锁链吗？

身为男人，我不得不承认，和女人相比，这地球上的另一半人群是一种让人更加捉摸不定的动物：一方面他总是吃着锅里的，瞅着勺里的，还惦记着碗里的，未婚时期待艳遇，结婚后又追求外遇，有了老婆还想要个情人，守着家花，还去招野花，另一方面，男人流浪久了，也渴望安歇，风流惯了，又向往忠贞。任何人身上都存在着看似矛盾实则统一的二元属性：拿男人来说，孤独的狼是他的生物属性，即自然属性，但男人作为野生动物也包含一定的社会属性，那就是生存竞争、养家糊口、娶妻生子、赡养老人，男人在步入社会之前更多的是自然属性在起作用，在社会上赢得一席之地以后则社会属性渐渐占了上风。一个男人要想功成名就，必须获得主流社会价值观的认可，其中结婚是一个重要坐标。

如果从另一个意义来解读，男人的花心也好，多情也罢，似乎可以看作是一个孩子顽皮淘气的表现，是一种纯属玩闹的"过家家"的行为。但是孩子总有长大的一天，当一个随便撒野四处留情的男孩在岁月的打磨下逐渐变得沉稳下来的时候，就意味着他身上多了一样东西——责任感，这份责任感让男人安心，也让女人放心。当男人有了责任感，他就有了结婚的归属感。所以有人说过，结婚对女人来说是动词，对男人来说更多是形容词，让他变得更有责任，也更有魅力。婚姻对男人来讲就是一种"永恒的责任"。即便是个情场浪子，在他极不情愿步入婚姻大门以后，也会突然发现婚姻的美好，家庭的可贵。大多数男人都是结了婚才算真正找到了一份相知相守的感情。

男人花心与否不是爱情的问题所在，而是彼此是不是都找对了爱情。如果找对了，浪子也可能不会再"浪"下去的。这就在很大程度上解释了为什么男人对他所爱的女人最大的肯定，就是义无反顾地和她去结婚。倘若他之前浪荡江湖，他也会金盆洗手的。有人说得好，老婆和情人最大的区别在于，前者是男人梦寐以求想买的那所房子，而后者只是他临时落脚的客栈，婚姻登记的一刹那，就好比是房子到手，那颗骚动的浪子心，终于安歇了。

（三）男人很少会为了纯粹的爱情去结婚

男人结婚，心中就跟打翻了的五味瓶一样，甜酸苦辣咸全都有，但必须指出一点，男人结婚的理由尽管各式各样，但很少会为了纯粹的爱情去娶一个女人。换句话说，男人不会只因为爱一个女人就娶她，而是综合了很多其他方面的因素（当然其中也有爱的因素，但绝不是唯一）。女性对待婚姻也很现实，对经济条件也很看重，但由于她们是感情动物，仅仅为了一个爱字就奋不顾身，而不管对方的家庭环境、成长背景和经济状况。有些女人的不幸，就在于她们常常会在心上人甜言蜜语的攻势下莫明其妙地兴奋了起来，结果就草率地嫁给了他。

这里实际上涉及男女对于爱的不同理解。

女人的爱更多体现在一种对近乎白日梦的想象中，温馨、浪漫、绮丽、缠绵,带有一定罗曼蒂克的幻想,带有明显的理想化痕迹,这跟女人是感情动物,擅长形象思维有关。女人一恋爱,仿佛沉浸在诗歌和童话的王国里,把自己想象成灰姑娘、睡美人和白雪公主,难怪有人说每个沐浴在爱河中的女人都可称之为艺术家,此时她所迸发出来的灵感和奇思妙想,足以让世界上最出色的诗人作家画家演员都黯然失色。这也是女人为什么容易成为爱情小说和浪漫言情影片的忠实拥趸,因为女人天生爱做梦。

男人眼中的爱则含有性的因素和更为现实的色彩,这是男人性爱动物的本质和长于逻辑思维的特性所决定的。男人永远不可能像女人那样把爱情看得那么浪漫神圣,在他心里,爱情是一种性的同义词,爱情就是性爱,一种雄性的征服欲,一种昂贵的精神奢侈品。也许在女人眼中,浪漫是种享受,是种生活方式,但对于身为野生动物的男人来讲,浪漫只是追求女人的一种手段,一个策略,一旦目的达到了,手段就自动放弃了。所以,丈夫婚前浪漫,婚后散漫就成了妻子心中永远的痛!

我曾经听过这样一个故事:一个妻子在读一部爱情小说,书中女主人公的丈夫总爱在屋里到处隐藏着充满情爱的小纸条,什么"每一个角落都有我的爱""你干家务时最有女人味"啊,好让她在干日常家务时能够读到。妻子很羡慕书中的女主人公,便把这些浪漫的事说给讲求实际的丈夫听,丈夫听后面带怀疑的神态。

第二天早晨,当妻子准备收拾早餐桌时,丈夫似乎在等着帮她的忙,突然,妻子发现餐桌下压着一张字条,妻子心头一阵狂喜,急切地打开来看,差点没气晕过去,只见上面写着:"快点,我上班来不及了!"

没办法,男人有时候就是这样不解风情!

(四)男人对女人的承诺,更多的是一份责任和道义

当女人沉浸在浪漫的氛围中独自享受时,男人却在为支付浪漫的经济资本独自盘算。不要嘲笑男人的枯燥乏味,自古以来,战场上职场上的刀光剑影血雨腥风,让他们只会在残酷的生存竞争中不苟言笑,大概除了言情小说里不食人间烟火的白马王子,现实中的男人大都缺乏浪漫的基因,何况,男人都有一种与生俱来的情感恐惧症,他怕一旦儿女情长,就英雄气短了。那么反过来说,要想"英雄气长",就得"儿女情短"。尤其是中国男人,潜意识里认为和心爱的女人卿卿我我、缠缠绵绵非大丈夫所为,这跟中国古代一直流传一种很荒谬的情爱价值观有关:好像男人一痴情,喜欢跟情人长相厮守,就是沉迷酒色,就是不务正业,在女人眼里,唐明皇李隆基、南唐后主李煜多痴情啊,最后还不是成了昏君,饱受骂名?于是在家仇国恨的压迫下,中国古代的英雄好汉一天到晚疾恶如仇外加铁血无情,基本上成了和女人无缘的"性冷淡"。

当然,男人眼中也有爱,这种爱,在恋爱的初级阶段就是一种新鲜感和刺激感,所以男人容易坠入爱河,容易对充满神秘感的"三不女人"产生浓厚的兴趣,但国外心理学家作过调查,男人对女人的新鲜感,最多维持三年。过了三年,男人对女人的爱就会转化成为一种责任感,这种责任感中,更多是一种亲人之间相互扶持的感觉，因为婚姻主要靠亲情、恩情来维系。

有时候我们也会听到一个男人在结婚的时候对一个女人说他很爱她，这跟一个女人爱一个男人的感觉其实不太一样。我认为，大多数男性心目中，爱是一种经过周密计划的理性行动，它的主要功效是给予他们安全感——像是婚姻，长期的操持家务以及带孩子。当然男人的责任感也会提醒男人，他要对自己心爱的女人负上永久的责任。这也是男人骨子里"英雄情结"的外化。一个好男人知道，他爱一个女人，就要对她负责，就要一生一世呵护她，心疼她。我想只有少数比较感性的男人，会为了所爱的女人神魂颠倒。男人爱女人，不如说男人需要女人，男人保护女人来得恰当。

我在第三章提到，男人是性爱动物，男人对女人的爱大多是一闪而过的激情，来得迅猛，走得也快速。所以女人真心爱上一个男人，最看重他的责任感。反过来说，一个男人，对一个女人是否真心实意，而不只是逢场作戏，关键看他愿不愿意对一个女人负责，承担起一生一世保护起这个女人，照顾起这个女人的职责，此时结婚，就是一个男人对一个女人最大的承诺。这种承诺，有爱情的成分，更多是一份责任，一份道义。跟"士为知己者死"的那种豪情一脉相承。所以通常意义上的好男人也是一个肯对女人，肯对家庭负责任的男人。

这种责任感常常伴随一个男人的终身，在很多情感节目中，我们常常会发现很多离了婚的男人都会对前妻怀着一种愧疚之情，总是想方设法补偿她，就是源于男人的这种责任感。也许跟前妻之间没了爱情，但那份责任还在，一日夫妻百日恩，男人总是对旧情人、前妻心怀愧疚,这未必是一种爱,而是一种割舍不断的责任。从这个意义上来讲,男人显得更长情一些,相反,一个女人如果不爱原来的男人了,把感情转移到另一个男人身上,反倒会和前者断得干干净净。(如果一个女人和旧情人藕断丝连,那只有一个原因:她对现在的感情关系不太满意)

四、筑巢才是女人的本能

（一）家是女人的洞穴和子宫

以前曾经在杂志上看过这样一篇小文章：

一个美国人和他太太结婚二十年从不吵架，朋友于是向他请教婚姻美满的秘诀。

他说："我们婚前就把职权划分清楚了。小事她来定夺，大事我来把控。二十年来各司其职，互不干预，自然相安无事。"

朋友很好奇："那何谓小事？何谓大事？"

他回答："小事嘛，比如我们什么时候买房，该买什么样的车子，换什么样的新家具，小孩子上哪个学校，都归她管，我彻底放权，最多打打杂跑跑腿儿；至于大事，谁该当下一任总统，政府是否该对贫困国家施以经济援助，是否该对外出兵，联合国安理会今年又该讨论什么国计民生话题，统统归我管理，她基本上不插嘴。"

这个故事很有意思，它非常鲜明地反映出了男女两性最典型的心理差异，那就是男人乃野生动物，总是胸怀天下放眼世界。女人呢，则是标准的筑巢动物。

像小鸟一样构筑一个属于自己和家人的温暖的巢穴,是女性与生俱来的动物本能。具体来讲,就是八个字:守护家庭、相夫教子。

有一点我必须指出:相夫教子并不等于在家做个专心致志的家庭主妇。所谓"相"就是辅佐帮助的意思,有点类似古代"相国"中"相"的含义。不要以为只有传统意义上的贤妻良母才会恪守这"八字箴言",其实,这是女人的天性。美国总统奥巴马的夫人米歇尔在协助丈夫入主白宫之后,当有记者问她是否也想从政时,她微微一笑:"我现在最重要的事情不是政治,而是把两个女儿带大。"连3岁大的小女孩都会一天到晚抱着布娃娃,给它打扮,哄它睡觉,甚至喂它吃饭给它打针。那种舐犊情深,那种自然的投入及专注从何而来?无疑是上天赋予的。当一个小女孩和她怀里的布娃娃"相守相依"的时候,一种母性的光辉,一种对家的依恋就好似铁板钉钉一样牢不可破了。

终其一生,女人都无法摆脱对家的依赖感。小时候,她是父母的"掌上明珠",结婚以后,她又是丈夫的"心肝宝贝"。哪怕出外留学打工,女人也渴望一个坚强的臂膀,一个温暖的港湾。婚姻,对于女人来说,如同从一个家的怀抱投入另一个家的怀抱,在西式婚礼中,有一个仪式必不可少,那就是新娘总是在父亲的带领下,郑重地托付给新郎。它意味着女人脱离旧巢,进入新巢。

家,对于女人来说,是她整个世界的中心,女人寻找爱情,无非也是给自己的后半生找一个家,好比是"在世界的中心呼唤爱";家是女人的避难所、是女人的金銮殿,也是女人的洞穴和子

宫。波伏娃在她那部被誉为女性圣经的《第二性》中这样写道:"到了晚上,当夜幕低垂门窗紧闭时,妻子觉得自己就是家中的女王;她被白天普照万物的阳光搅得心烦意乱,晚上她不再消沉了,因为她去除了不属于她的东西;她明白,灯罩下面的光线是属于她自己的,只照亮她的住处;其他一切都不存在了。现实集中在家里,而外部空间仿佛消退了。"林语堂身为一名学贯中西的大学者,在他那部探讨中国人国民性的论著《吾国与吾民》中也有过如下的评价:"在家庭中,女人是主脑。结合了家庭,女人们踏进了归宿的窝巢。——至今中国仍有许多慈禧太后存在于政治家的及通常平民的家庭中,家庭是她们的皇座,据之以发号施令,或替她儿孙判决种种事务。"

回归家庭不仅符合女性的自然法则,也是社会分工的结果。在棍棒与野兽横行的原始部落,男人因为体魄强健,所以担负出外狩猎和捕鱼的重任,女人由于受到生殖的束缚,体力不支,只好做"留守女士",从事简单的家务劳动,同时抚育后代。渐渐地,"男主外,女主内"的社会分工就泾渭分明了:男人在外面的世界打拼,养家糊口。女人则是内当家,操持家务兼生儿育女。

关于两性之间的关系,《易经》上也说得很清楚:乾道成男,坤道成女。辟户谓之乾,阖户谓之坤。乾,健也;坤,顺也。乾,天也,故称呼父;坤,地也,故称呼母。在这里,男女关系天地化了,天罩着地,给大地以阳光和雨露。在中国传统社会,我们对一个男人最高的要求就是"男子汉要顶天立地",母亲,我们则常常比喻成大地。后来社会意识又把这一中心思想扩大化,给男性女性角色重新定位，大致对应关系如下：

男 父 乾 天 日 阳 外 动 攻 刚 强
女 母 坤 地 月 阴 内 静 守 柔 弱

在这么一幅男女关系对应图中，中国传统女性的标准形象跃然纸上。女性天生就应柔弱，女性的社会角色，就是贤妻良母。

（二）贤妻良母符合女性的自然法则和生物本能

过去，一些女权人士常常把所谓"贤妻良母"当成是男权思想的残渣余孽，认为应该批判，应该摒弃。的确，在封建社会，贤妻良母的形象被严重歪曲了，母性的宽容和忍让被无限夸大，好像贤妻良母就应该无条件地付出，女性的独立个性和自主意识受到极大压抑。但是，不能因为泼掉污水就把孩子也一并扔掉，不能因为儒学中存在一些腐朽落后的糟粕就把孔老夫子也一并打倒。贤妻良母这个集各种传统美德于一体的"经典化身"，在一定程度上符合女性的自然法则和生物本能。因为女人天生具有母性，这种母性既包括对生儿育女的渴望，也包含女性与生俱来的全情奉献精神和自我牺牲精神。所以，母爱是最无私的，也是最博大的。

十几年前，有一部电视剧《渴望》轰动大江南北，它的女主人公刘慧芳一下子成了千千万万中国男人心目中择偶的首选目标。其实，剧中的刘慧芳既不漂亮，也不妖娆，但她符合传统贤妻良母的一切美德：温柔体贴，知书达理，善解人意，忍辱负重，顾全大局。

试想，如果女人都不当贤妻良母，都不生孩子了，都走出家庭当"雄起赳气昂昂"的女强人，甚至全是不婚主义者，最后的结果只能是阴盛阳衰，女人不再是传统意义的女人，男人也都不像男人，人类的繁衍将受到巨大挑战。

19世纪后半期，挪威戏剧家易卜生写了部轰动一时的社会问题剧《玩偶之家》，呼吁已婚妇女应该经济独立走出家庭。剧中的女主人公娜拉一直生活在一个自以为幸福的家庭中：丈夫体贴，儿子懂事。可突然有一天，一场意外的家庭冲突让她发现，她只不过是身为银行经理的丈夫海尔茂手中的一个玩偶而已，她茫然了，她迷惑了，她愤怒了。最后娜拉头也不回地打开大门，门砰的一声关上了。

娜拉走后怎样，易卜生没有给出答案，但各方的讨论及关注却从未间断，甚至波及了世界范围。有的评论家预言，这样一个女人走出家庭，除了堕落进妓院似乎无路可走；还有的评论家认为，娜拉还得回来，倒不是说她要屈从于丈夫的淫威，而是女人的天性使然，她离不开家离不开孩子。鲁迅先生曾于20世纪20年代在北京女子高等师范学校作过《娜拉走后怎样》的演讲，他也不得不承认："从事理上推想起来，娜拉或者也实在只有两条路：不是堕落就是回来。因为如果是一匹小鸟，则笼子里固然不自由，而一出笼门，外面又有鹰有猫以及别的什么之类的……"在这里，鲁迅先生发出了他那句经典的慨叹："人生最苦痛的就是梦醒了无路可以走。"鲁迅先生的潜台词我很明白,离开了家,在那个黑暗的社会,女人如同待宰的羔羊,是有被吞噬的危险的。当然,经济上无法真正独立也是娜拉"梦醒了无路可以走"的悲剧所在。

然而,当女性真的迎来经济独立的那一天,是否就意味着她可以心安理得地走出家庭呢?拍摄于1979年的奥斯卡获奖影片《克莱默夫妇》就进一步探讨了这个问题:家庭主妇乔安娜因无法忍受婚后生活的平淡无趣,抛夫弃子离家出走,一年之后,她找到了一份满意的职业,当她准备把儿子从丈夫那里接过来独立抚养的时候,却惊讶地发现儿子不再像原来那样需要她了——影片的结尾,乔安娜的面部特写令人难忘,看上去,这个20世纪的"娜拉"似乎更迷惘,更痛苦了……

我觉得,乔安娜的痛苦实际上也代表了相当一部分职业女性的两难选择:是要工作和事业,还是要婚姻和家庭?有趣的是,当男人都在做着娶个贤妻良母的黄粱美梦的时候,很多大家闺秀都市丽人却拒绝成为男人的附庸,拒绝当"三转女人"(围着老公转,围着小孩转,围着厨房转)。为了追求经济上的独立自主和人格上的完整自由,她们在职场上都把自己修炼成了百毒不侵的"白骨精"。一方面,她们是人人羡慕的"三高女性"(高学历、高收入、高层次)。另一方面,她们大都人前风光,人后寂寞;人前欢笑,人后落泪;人前衣香鬓影,人后斯人憔悴。不知不觉中,她们变成了无家庭、无睡眠、无笑容的"三无女人"。

为什么会这样?

道理很简单,女性天生爱筑巢的本能不时提醒她们:家是女人

的子宫，一个只要事业不要家庭的职业女性犹如被切除了子宫的女人，是残缺的，不完整的女人。

一个女作家跟我说过：每个女人期待的生活似乎都可归结为一点：为了一个家的三餐饮食和四季衣裳而忙忙碌碌，尽管这样，她们也会为这种相夫教子的生活执迷不悔。"慈母手中线，游子身上衣。临行密密缝，意恐迟迟归。"一针一线的密密麻麻的衣服，眼看着穿在自己心爱的丈夫和儿子身上，每个女人都会不由自主地升起一种深深的自豪感。这也是为什么游子思乡，往往最挂念的是母亲，因为母亲就是家的同义词，母亲温暖的怀抱象征着家的甜蜜和温馨。倘若一个女人只是事业成功，却没有一个美满的家庭，她也只是一个失败的女人。家庭永远都是那些貌似强大的女人心中可望而不可即的一道遥远的彩虹。

（三）女性渴望筑巢来源于"分离焦虑"

作为一个男人，我发现，女性渴望筑巢跟天生缺少安全感有关，都说五岁以前的儿童容易患上"分离焦虑症"，一旦离开母亲的怀抱就会烦躁不安，甚至又哭又闹。其实，大多数女性也存在不同程度的"分离焦虑"：怕黑、怕鬼、怕独处、怕生病、怕坏人，作家梁实秋笔下甚至还有女孩子一见老鼠就当场晕厥的极端个例。男人却被从小教导要天不怕地不怕，否则就会被看成"没出息""娘娘腔"，**女人却跟婴儿一样，从小就有"分离焦虑"，希望更好地得到母亲的保护。**（七岁以前的小女孩，哪怕你把她怀里的

布娃娃夺走了，她也会哭个不停）长大一点，女孩子会寻求父亲的保护。到了婚嫁的年龄，她会找一个好丈夫，托付终身，寻求永久的保护。

托付终身是女人一生最大的赌注，既然是找个依靠，男人的实力就显得尤为重要。女人一个月只生产一个卵子，怀一个孩子需要十个月，还要生孩子、带孩子、养孩子，为了繁衍后代，女人付出的代价实在太大。加上先天"营养不足"，后天又在求职就业、经济收入等方面跟男性比均处于弱势，这就决定了一个女人必须为自己挑选最好的基因，准备最丰富的资源，拥有最长久的婚姻关系。因此，男人是否身强力壮、具有责任感，以及社会地位和经济实力都成了女性择偶的重要指标。她可能并不爱他，但却愿意嫁给他。在一个男性主导、生活资料主要由男性占有的社会，女人通过婚姻来寻求生活的安全感是一种天生的动物本能，古语说，"嫁汉嫁汉，穿衣吃饭"就是这个理儿。这似乎也可以解释女性为什么大都喜欢找生活阅历、社会地位、经济实力比自己强的男人为终身伴侣。

如今，在北京、上海、广州等大城市，高昂的生活成本以及无处不在的攀比，让天生就缺少安全感的都市女性更加焦虑彷徨，于是"干得好不如嫁得好"的观念甚嚣尘上。**女人要筑巢，一是要房子，二是要银子，于是，稳定而持久的婚姻代表情感上的安全感，房子车子银子则代表物质上的安全感，女人终身渴求的无非就是可以提供三餐饭食、四季衣裳的婚姻和不必为生存而惊慌失措的安稳。如果一份天长地久的婚姻无法奢求，她们宁愿用大把大把的钞票来填补**，亦舒小说《喜宝》里女主人公有句名言："我要很多很多的爱,倘若没有,我就要很多很多的钱。"有部港片,一位阔太太经常得意扬扬地在老公面前教诲:"记住,你要玩命赚钞票,我要拼命花钞票。"

女人天生爱浪漫,女人有时也很现实,她们深深懂得:没有充足的物质基础来做地基的婚姻大厦犹如空中花园,海市蜃楼。金钱不是爱情的目的,但没有金钱做旅费,美好爱情的帆船就会搁浅,因为旅程所需要的面包和汽油是要用金钱去买来的。有时候我们也不要怪女人嫌弱爱强,这是由女人的天生丽质和娇弱性格造成的,宛若小鸟的羽毛,特别脆弱,需要嘘寒问暖地小心呵护。所以,男女择偶,男人看脸蛋,女人看腰包;男人重过程,女人重结果。男人求数量,女人求质量也就不足为怪了。

(四)筑巢并不等于在家做个"全职太太"

写到这里,也许一些女权主义者会嗤之以鼻:你老是在这里强调女人要筑巢,总是说女人一旦抛家弃子就不是真正的女人,你是不是还在鼓吹女人不要工作,只做男人的附庸这样的陈词滥调啊?在这里,我要说明一点,我丝毫没有贬低职业女性的意思,女人筑巢并不等于她要做个依附于男人的家庭妇女。女人的自尊自强很大程度上取决于她在经济上是否独立,甚至在男人决定结婚的时候,他反而愿意选择经济独立的女性。

因此,**筑巢并不等于在家做个"全职太太"。我的观点,在"全职太太"的概念满天飞的今天,工作对女人仍然是一个不可或**

缺的选项。男人虽说对女强人闻风丧胆，但并不等于他想娶个养尊处优的花瓶或者蓬头垢面的保姆回家。 花瓶可以风光一时，却无法持久一世，男人更不会对一个保姆爱不释手。所以女人婚后千万不要轻信丈夫的花言巧语，去做那劳什子的什么"全职太太"，否则，当你全情投入以后，你的视野会越来越窄，你的脸色会越来越黄，你对家庭的依赖会越来越重，除了你的孩子和老公，你的世界家徒四壁。当你在烦琐的家务劳动中由白天鹅成为黄脸婆的时候，他却在你的精心打磨和包装下由"青蛙"迅速蜕变成"王子"。当你独守空房夜夜盼郎归的时候，说不定他却在灯红酒绿中寻花问柳呢！总有一天，"全职太太"会沦为"全职保姆"。试问，哪个男人会对"全职保姆"魂牵梦萦？难怪国外民调显示，全职太太的离婚率要高于婚后继续在外求职的女性。

反之，工作是女人的一种生活方式，是女人自强自立的经济来源。在工作中，她开阔视野；在工作中，她获得自信，只有在职场上光彩照人的女性才会在情场上光鲜亮丽。**我们时刻要注意，男人是种随时犯贱的野生动物，他会对充满自信、时而说"不"的女人永存热情，前面提到的"三不女人"既是有一定神秘感的女人，也是经济独立、精神独立、充满自信的女人，面对这样的女人，男人才会心痒难耐，趋之若鹜。** 其实，女人有时候干得好才能嫁得更好，这跟男人有个安稳的窝之后才会义无反顾地在外打拼是一个道理。

五、 婚姻相当于女人的第二次生命

（一）女人活着的最终目的乃获取幸福

上大学那会儿，迷过一阵子张爱玲，她《传奇》里收录的中短篇小说基本上都被我"一网打尽"了。我发现，在张爱玲笔下，婚姻是女人求生的砝码，从无到有，从贫到富，从下贱到高贵——女人似乎只有挖掘利用好自身的资源——花样年华这个"原始股"，迅速搭上欲望的飙车，才能奔向婚姻的股市。连张爱玲自己都说："一个女人，再好些，得不着异性的爱，也就得不着同性的尊重。没有婚姻的保障，而要长期的抓住一个男人，是一件艰难的，痛苦的事，几乎是不可能的。"

不要责怪女人太现实或功利，婚姻在某种程度上象征女人的第二次生命，女人都是筑巢动物，过去一直有种说法，女人生得好不如嫁得好，嫁得好后半生也就过得好，否则凄风苦雨的日子将永无止境。

所以，"男怕入错行，女怕嫁错郎。"**男人活着的最终目的是追求成功，女人活着的最终目的乃获取幸福。在这样一个世俗的社**

会，我们越来越悲哀地看到：似乎男人无所谓好坏，只有成功与不成功，也就是我们通常所说的"干得好"；衡量女人的标准却不是事业上如何的成功与辉煌，而是幸福与否，也就是我们通常所说的"干得好不如嫁得好"。

婚姻对于男人和女人，一向都是完全不同的两回事。我在前面详细分析过，结婚对于男人来说充其量是人生的一个阶段而已，一种恋爱之后顺其自然的结果。男人终其一生都在为事业而打拼，只不过到了三十岁上下，该成家立业了，于是有了筑巢的冲动。一旦大功告成，男人又会远离安乐窝，继续踏上事业的征程。在大多数男人心目中，结婚只是一种生活方式，而不是一种被注定的命运。他们完全有权选择过独身生活，或者很晚结婚，或者干脆不结婚。

打开人类千年的婚姻登记表，你会惊讶地发现，古往今来有很多男性名人、哲人从未出现在这个名单上：柏拉图、牛顿、笛卡儿、伏尔泰、康德、叔本华、尼采、萨特、凡·高——也许他们都智慧超群，境界高深，视婚姻如粪土；也许平凡而琐碎的婚姻生活会在不知不觉中消耗掉他们的激情与梦想；也许他们都太忙了，没时间结婚。

但婚姻对女人的意义却非比寻常，无论强弱美丑，或君临天下威风八面，或弱不禁风多愁善感，女人都有一颗待嫁的心：灰姑娘会期待提着水晶鞋的王子殿下来寻找她，七仙女也会违抗天命下到人间嫁给董永；被发配到尼姑庵里的武媚娘（也就是后来的武则天）也在日盼夜盼，她的如意郎君李治（唐高宗）何时把她接进宫中——可以这么说，天上的星星有多少颗，地上女人恨嫁的心就有多少颗。

如果说男人把婚姻看作是人生的一支间奏曲的话，那么婚姻却是女人一辈子不折不扣的主旋律。这是因为男人是野生动物，女人是筑巢动物。

（二）绝大多数女性是传统婚姻的"忠实信徒"

为什么所谓的终身大事在男女心目中的分量差别如此之大呢？

这要从两性不平等的经济地位说起。

当人类进入男权社会以来，男性作为不断创造价值的生产者，一直在经济上处于优越的地位，男人在社会上是一个独立完整的人，他付出的越多，收入就越高，地位就越稳固，就越容易获得社会的认可。女性则不然，由于一直扮演生殖和家务的角色，她们大都深居简出，她们的劳动价值因而被社会所忽略不计，加上生儿育女、繁衍后代需要丰厚的经济保障，毫无经济来源的女性只好屈从于拥有强大经济实力的男性。因此波伏娃曾经一针见血地指出："女人从未形成过一个等级，平等地与男性等级进行交换、订立契约。"

早在原始社会，父系部族从来就是把女人当作一种物：她被列入两个群体同意交换的物品中。当婚姻在其演变过程中以契约形式出现时，这种处境并没有多大改善。没结婚前，女人受父亲供养，结婚后她要被丈夫供养，丈夫死后，儿子又继续奉养她。在人类社会相当长一段时间，女性由于在经济上无法独立，所以只有在经济上依赖于身边的男性亲属。婚姻是她得到供养的唯一方式，也是证明她生存正当性的唯一理由。如果一个女人贸然选择独身，在经济上等于断了后路。在男女经济上不平等的年代，婚姻是女性结合于社会的唯一手段，如果没有人要娶她，从社会角度来看，她们悲惨的境地无异于社会的弃儿。**如今随着女性的经济独立，她们已经不再是男人的附属品了，但女性再强大，骨子里依然是依赖性很强的小女人，除了少数坚定的不婚主义者，绝大多数女性基于对亲密关系的向往，对生儿育女的渴望，还是传统婚姻的"忠实信徒"，还是要筑巢的。**

我们常挂在嘴边的一段话：男人是通过征服世界来征服女人，女人是通过征服男人来征服世界。它的潜台词就是，对男人来说，世界是第一位，女人是第二位，世界是基础，女人是其次的；对女人来说正好倒过来，男人是第一位，世界是第二位，男人是最重要的，至于世界则是等而下之的。有人说，这种说法极端男权，但如果把男人理解成女人所需要的爱情和婚姻，一切就顺理成章了。我们也常常要求男人最好先立业后成家，如果一个男人在社会上无立锥之地，又怎敢奢求娇妻美眷呢？汉朝的大将军霍去病都知道"匈奴未灭，何以家为？"何况现在竞争如此激烈的商业社会？倘若一个男人失恋了，我们总会听到这样带有明显男权色彩的劝慰语："大丈夫何患无妻？""天涯何处无芳草？"然而，对一个年轻的女孩子，父母家人更为操心的反倒是她的婚事，何时出嫁？怎样找到一个称心如意的婆家？还记得世界文学名著《傲慢与偏见》吗？——小说一开头，就是一个老母亲在整天地发愁，如何顺利地将五个女儿嫁出去。真是一语道尽天下父母心,至于女儿的升迁调动,则无可无不可。若有,则锦上添花,若无,也顺其自然。

在生活中,我们也会发现男女在对待结婚这个问题上的表态大相径庭,很多女孩子,无论漂亮与否,成长环境和受教育程度存在何种差异,当被问起她们对未来的规划时,会一如既往地回答:"我想结婚。"但是,年轻的小伙子则会首先考虑找一份理想的工作,买一个称心如意的大房子,其次才会考虑终身大事。

反之,如果一个女性在35岁之前还没找到一个男人嫁掉,她就会有种岌岌可危之感。年过30的单身女性,面对亲朋好友时,最尴尬的一个问题就是:你什么时候结婚?很多人都有这样的切身体会,如果一个办公室里还有一个年近40的单身女性尚未出嫁,而且还总是形单影只地上班下班,"老处女"这个让人不寒而栗的绰号便会毫不客气地戴到她的头上,渐渐地,这个被同事暗地里称作"老处女"的单身女性就会越来越焦虑,性格也越来越古怪,在单位的处境也会越来越微妙。

(三)婚姻为女孩向女人的转化提供了土壤

女人把婚姻看成二次生命,还在于婚姻这种稳固的契约形式,为一个女孩子完成向一个女人的转化提供了土壤。女孩和女人的区别在哪?就是体现在是否结婚上,更确切地说是否成为一个母亲。

林语堂曾在《吾国与吾民》一书中多次指出:"在女人的一切权利之中,母亲最重要。""女人不做母亲,是不完整的女人",母性是女人的一种自然本能，上文分析过，从小时候玩布娃娃，女孩子就不自觉流露出了母性的基因。当然，女人在30岁之前（也就是女孩阶段）多数是"女儿性"占据主动，这个年龄段的女人（实际上还是女孩）娇嫩、柔弱，对父亲对成熟的男人有一种天生的依赖感；30岁以后的女人则随着适婚年龄的临近，母性的情怀开始发扬光大，这时候的女人开始懂得体贴和关爱他人，对孩子，对一切弱小的东西都会不自觉地散发出一种母性的光辉。此时，大多数女性都想生个一男半女，只有这样，她的母性本能才会得到尽情释放。此时稳固而长久的婚姻则为女性的生殖需求提供了方便。我认识好几个电视台的女主持人，到了30岁左右，宁愿暂时放弃光鲜亮丽的出镜机会，也要回家怀孕生子。一个曾经跟我搭档过的美丽女主播谈及这个问题时一脸的兴奋感："没有什么比让一个女人去做母亲更自豪的。"

我认识一个女律师，作风非常强悍，年纪轻轻就经常办理大案要案，学位也读到了博士，她曾经跟我说，她非常热爱律师这个工作，她要做到中国第一流的律师，她经常跟我辩驳，说女性凭什么要守护家庭，女性一样可以在事业上跟男人平分秋色。可两年前她遇到了一个属于她的男人，她结婚了，婚后再见她，少了当初的锋芒，多了些女性的温柔。我跟她开玩笑，说她不如以前强了，她莞尔一笑，女人爱上了自己心仪的男人，不知道为什么总会不由自主地弱下来。再过一年，她有了孩子，据说案子也接的比以前少了，更多时间是在家带孩子。我在MSN上碰见她，她很有感慨地告诉我：女人有了老公，有了孩子之后，好像突然有了回归本体的感觉，以前当我在法院里慷慨激昂，我觉得自己一点不比男人差。现在当我怀里抱着宝宝，看着她冲我甜甜地笑，我突然觉得做母亲才是一个女人最自豪的地方，比我读五个博士，办十件大案都更有满足感。

其实从婚姻这个词组来分析，我们就可以发现一个非常有趣的形象：**无论是"婚"还是"姻"，构成这个词组的两个汉字偏偏全都是女字旁，什么意思呢？不言而喻，婚姻这种生活方式对女人来说更重要，更迫切，是女人一生的必需品，是女人心中的"红太阳"**。如果一个女人仅仅事业辉煌，但婚姻不美满，家庭不幸福，她依然会落落寡合；但是如果一个女人家庭和谐，生活美满，即便她事业毫无起色甚至一天到晚做个专职的家庭主妇，她也会笑意写在脸上。男人不是，我们经常会看到很多拒绝婚姻的钻石王老五们春风得意，但很少会见到一个"家有仙妻"但事业一塌糊涂的男人会从容淡定。男人没了事业就跟缺了一根脊梁骨一样直不起腰来，久而久之，在上司和同事面前会变得"理亏"，在一心望夫成龙的老婆大人面前也会"肾亏"。这就是事业和婚姻在男女心中不同的分量。

我发现，婚姻对大多数女人来说代表着对美好生活的一种憧憬和想象，我一个中学女同学要成为别人的新娘了，她向我形容：当时她的心情犹如刚刚走出校门的大学生去求职面试，既兴奋又惶恐，既紧张又期待。她的心中会勾画出一个玫瑰色的图案，图案上有一所温暖的小房子，房顶炊烟袅袅，四周鸟语花香，她和她未来的夫君欢快地携手走在回家的小路上。此时此刻，一句亘古流传的名诗在她耳边回荡："执子之手，与子偕老。"在我看来，女人对婚姻的期待有如二次投胎，那毕竟是她生命之花的第二次绽放：在父母依依不舍的眼中，在亲朋好友的声声祝福中，新娘子身披洁白的婚纱，像个美丽的公主，等待投入白马王子的怀抱，别忘了女人一辈子只有一次穿婚纱的机会，所以她激动莫名倍感珍惜。婚姻对于新娘来说是她人生的一次"分水岭"，由此她完成了从女孩到女人角色的转化。波伏娃曾说，女人只有通过结婚和生子她的人生才算完美。

六、直接嫁给成功男人风险大

（一）男人更注重成就感，女人更注重幸福感

有一次我在一家私企做情感讲座，面对现场200多名听众（女性占70%，男性占30%），做了个现场调查，题目是：你作为男人（女人）在你的一生中，最看重什么？最想要什么？从递上来的100多张纸条，看到的答案尽管千差万别，但还是可以找寻到其中的规律，比如现场的男性听众多数的回答是"最看重事业""最想多赚钱"，而女性则更想要"幸福的家庭和婚姻""最想找一个疼我爱我的好老公"。总结起来，**男人似乎更注重成就感，女人更想要幸福感。倘若进一步分析，男人更注重社会价值的认同，更强调成功的意义。而女人更倾向于亲密关系和婚姻家庭给自己提供的安全感。**

而这种差别也给我们择偶带来了很多盲区，比如女性找对象更看重男人的社会属性而不是自然属性，比如他在事业上是否成功，挣了多少钱，有房有车吗？对他的自然属性，比如他的长相、身高、气质、年龄则相对不是过于纠结。而男人正好相反，出于传宗

接代和视觉动物的本能,他会对女方的外形、年龄颇多挑剔,而对她的各种社会属性,比如学历、工作、收入、背景则相对宽容很多。

这就是当下为什么钻石王老五和漂亮的单身女人在婚恋市场上最受欢迎,而穷小子和相貌平平的三高女性则成了滞销货的主要原因。男人通过追求成功和财富来获得社会和异性的仰慕,女人则通过找到前者来获取幸福感和安全感。

在我这几年参与的很多相亲节目当中,很多女嘉宾都放言要找成功男人。因为不太成功的男人或正在成功道路上苦苦奋斗的男人在事业上不靠谱,不能给她们提供必要的经济保障,可她们不懂,成功男人也许在事业上很靠谱,但在生活和情感上并不靠谱。

(二)越成功的男人越好色吗

中国自古有句老话,叫作:"食色,性也。"两千多年过去了,这个至理名言依然放之四海而皆准。记得若干年前在威尼斯电影节上,章子怡盛装出席,其艳光四射的巨星风范竟惹得电影节组委会的主席马可·穆勒两腿发软,直至情不自禁地拜倒在章大美女的石榴裙下,一时间,舆论大哗,网上不少人戏称这位主席大人简直就是一个荷尔蒙分泌过多的"老色鬼"。

其实,马可·穆勒的举动虽然有点大胆,但并不出格,国人未免有点见了骆驼却说马背肿——少见多怪了。说起好色这毛病,确乎是男人的天性,不分年龄、国家、种族、职业,且越是成功的男人越好色，尤其是手中握有权力、财富的男人，一旦面对"女色"眼珠子更是动如脱兔，就像一个猎人突然发现了令人心仪已久的猎物，那种兴奋只有自己最清楚。

当国人对这个意大利老头在章子怡面前的魂不守舍嗤之以鼻的时候，不要忘了我们的老祖宗干过不少丢人现眼的事儿。翻开中国历史，绝大多数不可一世的封建帝王都遭遇过"英雄难过美人关"的尴尬：亭长出身的汉高祖刘邦知人善任，尤其善于团结一切可以团结的力量，这种海纳百川的胸怀让他"在马上得了天下"，可偏偏一个娇小玲珑的戚夫人就把这位在大风大浪里闯过来的草莽英雄给迷得忘乎所以。据说刘邦向来举止粗俗，爱说脏话，可一见到这位心上人，立马就变得"讲文明""讲礼貌"了。刘邦的原配吕后是个"黄脸婆"，眼巴巴看见老公被"狐狸精"勾走当然是"怒从心头起"，再加上长期的压抑就"恶向胆边生"了。有人说刘邦死后吕后之所以专权误国、疯狂杀人，包括把戚夫人手脚剁掉，都是源于一种怨妇式的报复心理在作祟。看来已婚男人移情别恋，结发之妻往往会性情大变，甚至会做出匪夷所思的举动来。

魏武帝曹操的好色跟他的文治武功一样名扬四海。元朝成书的《三国演义》，有关曹操这方面的描写就不在少数。其实早在唐代，诗人杜牧就曾在一首传颂千古的《赤壁》诗中大发感慨："东风不与周郎便，铜雀春深锁二乔。"什么意思？杜牧是说那场大战要不是周瑜指挥若定，又有天时地利人和的因素，江东的两大国宝级美女大乔小乔，恐怕就要被曹操直接"打包"，双双关进他老人家斥资百万打造的豪华别墅——铜雀台里面了。后来有人一针见血地指出，曹操南下伐吴，一是想完成统一中原的霸业，二是顺便也想把二乔给"收了"。没想到，我自横刀向天笑，却被赤壁撞了腰，为了两个美女竟兴师动众，曹操也称得上是"色胆包天"了。当然啦，曹操毕竟是个成熟的政治家，不会像周幽王、陈后主、宋徽宗这些无道昏君那样做出"不爱江山只爱美人"的荒唐举动来。

从这个意义上来讲，一度创下"开元盛世"的唐明皇，他的后半生就跟吃错了药似的，一个杨玉环就让这位昔日的明君"六宫粉黛无颜色，从此君王不早朝"。贪色误国的结果——唐明皇不仅差点把江山丢了，连美人也没保住。五十年后，唐明皇迷恋杨玉环的故事被一个叫白居易的畅销诗作家写入了自己的作品《长恨歌》中，不仅迅即登上了销量榜冠军的位置，还广为流传，至今不衰。

甭说三宫六院七十二嫔妃的皇上了，连"道德完人"曾国藩老先生，一向洁身自爱，可在长年的军旅生活中，还不是因为耐不住寂寞取了一个小妾？按清制，官员行军途中不得携眷，一个堂堂主帅竟然知法犯法，惹得他手下的爱将彭玉麟差点跟这位一代大儒当场翻脸。

从今人的眼光来看，我觉得这都是微不足道的"小节"，后人不会因为曾国藩取了一个小妾就指责他是个"伪君子"。男人也是人，尤其是成功的男人，在通往成功的道路上难免荆棘密布，为了达到目的，肯定要压抑自己内心的情感。所以有人戏言，成功的男人往往都善于"装大尾巴狼"，这样才能给自己罩上一层"保护色"，让政敌无懈可击。可一旦初尝成功的喜悦，压抑的情感之火就跟火山底下的岩浆一样喷涌而出。因为成功男人大都每天起得比鸡还早,下班比卖夜宵的还晚,天天压抑得很,正所谓哪里有压抑,哪里就有爆发。

我发现**越是成功的男人越有好奇心,越有征服欲,越有恃强凌弱的心态。何况"美色"是茶余饭后的消遣品,是自娱自乐的卡拉OK,对于在职场上奋力搏杀、身心疲惫的成功男人来说更是一种抚慰。古语,"秀色可餐",既然是餐,就是给人吃的,有些成功男人在拼杀的间隙难免会"饥肠辘辘",面对秀色来个"饿虎扑食"。**所以富翁常常有找情人的恶习,腐败官员除了经济腐败,"情感腐败"也如同一对双生子相伴而来。在这种情况下,我们又何必嘲笑人家马可·穆勒对章子怡章大美女的色心大发呢?

(三)成功男人对女人既有吸引力,也有杀伤力

很多女人都喜欢成功男人,那是因为成功的男人必定是沿着社会等级秩序的阶梯,披荆斩棘、呕心沥血才一步一步登上了较高的位置,一览众山小。这种男人攫取了相当的权力、地位,也占据了相当的资源和财富,对于同类,具备可观的支配力,对于异性,具备强大的吸引力,然而,这吸引力很有可能也是女人强大的杀伤力。

为什么这么说呢?除了地位财富具有非一般的诱惑力之外,成功男人的勇往直前、杀伐果断以及雄才大略也是吸引女人的因素之一。如果把男人比喻成野生动物,成功男人身上的野性更为原始,荷尔蒙分泌更为旺盛,更具备雄性的基因。不过,任何事物都有两面性,成功男人在自信、坚韧、勇敢、进取等诸多正能量的包装

下，也同时不乏贪婪、自私、冷血、厚黑等残酷的动物性。我曾经采访过几个所谓成功人士的太太，对她们来说，老公满世界飞，经常没日没夜地加班是家常便饭，独守空闺早已习以为常。当节假日、情人节甚至结婚纪念日，别人的先生可以陪着自己的太太逛街选购可人的礼物，和全家共享天伦之乐，她的老公很可能在她不知道的场所进行着某个生死攸关的谈判。而且成功男人是社会的稀缺资源，尽管名草有主，但依然会有为数不少的女性虎视眈眈。而且很多婚恋网站调查显示，成功男人受到的诱惑比普通男人要多，接触美女吸引美女的机会也更多，外遇的概率也明显比普通男人要高。

一个女人，如果想要幸福持久的婚姻，如果看重所谓的安全感，显然，成功男人不是你的最佳选择。因为，对于成功男人来说，幸福的家庭生活不是他的终极理想，追求更大的利润，向往更大的成功，才是他们人生的目标。有时候，在成功的诱惑面前，男人会牺牲幸福来换取，甚至牺牲婚姻和家庭来换取。这也是为什么我采访的那几位成功人士的太太，她们的幸福感都不是特别强，其中一位坦承已从各种渠道得知丈夫外面有人，另一位因忍受不了长年的聚少离多，正协议离婚呢。

七、怎样让心上人主动向你求婚

男人是野生动物,本质上是一匹孤独的狼,追名逐利又崇尚自由,结婚只不过是人生的一个阶段而已;女人是筑巢动物,守护家庭相夫教子乃天性使然,婚姻相当于她的第二次生命。

但男人要娶妻,女人要嫁人,野生动物需要筑巢,筑巢动物也需要得到野生动物的保护,当筑巢动物爱上野生动物,一扇婚姻的大门就不由自主地敞开了。此时筑巢动物满怀憧憬翘首以盼,可野生动物却常常犹豫不决瞻前顾后,像一头到了家门口却还惦记着外面的野味的老狼。如果把婚姻比喻成动物园,聪明的女人就是驯兽师,要想管理好这匹在大自然里自由散漫惯了的野生动物,必须三思而行。

这其中,男人的求婚是最关键的环节。对女人来说,如何让你心仪的结婚对象心甘情愿地向你开口?的确是门学问。

(一)在他面前,做个经济独立、精神独立、充满自信的女人

前面提到,**女人都是筑巢动物,构筑家庭相夫教子是女性的天**

职,但这并不意味着女人就该做个毫无主见、整天依附在男人身上的"可怜虫"。如果一个女人错误地认为,找一个男人结婚就是找一张长期饭票,找一台随时可以使用的自动提款机。那么,你将遗憾地看到,优秀的男人都像远离瘟疫一样地远离你。

男人之所以总是在做出承诺的关键时刻摇摆不定,原因有很多,有一条很重要,那就是他总在担心,他面前的这个女人要跟他结婚,是出于爱他,还是仅仅出于物质生活的考虑?我现在有钱她跟着我,将来万一我出现经济困难,她还能对我不离不弃吗?她会离开我,投入有奔驰车和豪宅的大款的怀抱吗?当他跟她在烛光晚宴中尽情享受的时候,他会心里直犯嘀咕:"她是真心喜欢我这个人呢,还是喜欢我给她提供的东西呢(车、房、钻戒、珠宝、名牌时装、出入高级饭店)?"往往越优秀、越有钱的男人越有这种担心。所以一旦谈婚论嫁,男人总是回避那些对昂贵的消费场所如数家珍的女人,或者那些高攀达官贵人以抬高身价、全靠外表奢华来装点门面的女人,你的一句充满艳羡的"好棒的劳力士",仿佛让他感到即将天塌地陷,我们都说女人天生缺少安全感,其实男人也好不到哪儿去?只不过二者表现形式不同而已。男人缺少安全感在决定是否结婚的那一刹那尤甚,他总担心自己的经济实力不足,担心他的人格魅力不够,男人最怕他所爱的女人整天算计他的腰包,这样他会更没安全感,这跟女人大都很讨厌男人总是盯着她丰满的胸脯是一个道理。

一个身家千万的有钱人跟我讲过这样一件事,他曾经在报纸上征婚,其中有这么一句"欲觅一位志同道合、可以风雨同舟的好伴侣"，结果应征者无数。他从中挑选了一位学历不错、相貌出众的女孩子见面，结果约会不到十分钟，他就找了个借口提前撤退，原因是这个女孩子问了一句："你征婚广告里面那句'风雨同舟'是什么舟啊？是豪华游艇吗？"

美国著名电台主持人谢里·阿尔戈曾经写过一本风靡全美的畅销书《坏女人有人爱》，在书中，阿尔戈将那些缺乏起码生存能力的女人称为"债务"，而将独立的女人看作"资产"。显然，当一个女人急迫地寻求一个男人作为她的经济靠山时，她在男人的眼中就成了避之唯恐不及的"债务"。相反，一个有独立收入、有生活目标的坚强女性，会让男人心生爱慕，因为她有个性、有自尊，不会依赖任何人，"她爱的是我这个人，她和我在一起，不是需要一张饭卡，或者一台自动提款机"。

在两性关系中，我们过去总认为女人是弱者，容易上当受骗，其实男人也害怕被欺骗和利用，没有哪个男人会心甘情愿沦为一个只是给女人提供饭卡的人。男人都是有自尊的，如果他成了一张饭卡，他会觉得自己被贬了值，觉得自己只不过是女人眼中的物质工具，这也是为什么越是有钱的男人越在结婚这个问题上瞻前顾后的原因。男人不是慈善机构，他不会在家里收养孤儿，他绝不愿意娶回一个只是需要他不断地救济却毫无生活自立能力的弱者。对一个男人来说，尊敬和信任这两个词是可以互换的，你的一味索取只会换来他对你的不尊重，他不尊重你，也就不会信任你，而缺少了尊重，他将拉大和你之间的距离，直至毫不惋惜地离你而去。

如果男人在你身上读到了自信、自尊、自强，看到你为了实现自己的梦想在不断进取,看到你跟他约会的时候不会两眼只盯着他的车和房,他就会对你刮目相看,就会在你身上找到结婚的安全感,因为他不用担心你一心只想从他那里索取。你越不干涉他的自由,他反倒越想得到你。**男女之间的关系有时候仿如跷跷板,你姿态越低,他尾巴翘得越高,你充满自信,他反而仰视你。男人喜欢的词是感谢,他最想要的是受到女人的尊重和得到女人的珍爱,如果你总是心怀感激,甭说婚姻了,他恨不得把全世界都给你。**

其实这跟投资生意是一个道理,你要想获得高产出,首先得有充足的资本,世界上没有免费的午餐,"空手套白狼"最终的结果只有一个:竹篮打水一场空。

(二)不要老是催他,而应该把承诺的主动权交给他

在两性关系中,一个男人得到的最负面的评价莫过于他不负责任,他害怕承诺。我的信箱经常收到一些女孩的来信,诉说这方面的烦恼,起先我很同情这些受到欺骗的女孩,但在仔细询问之下,才惊觉**这个世界上陈世美并不俯拾皆是,如果你总是不知不觉地在扮演秦香莲的角色,男人的劣根性就会破土而出。**

我认识一个叫丽丽的女孩,她跟我抱怨,跟男友都相恋两年同居一年半了,对方却从未提过结婚这码事。有一回她终于忍不住了,趁他上班之前堵在家门口,结果对方支支吾吾顾左右而言他。她气急败坏破口大骂,他却慌不择路夺门而逃——后来我问她男友小海,才知道丽丽跟他好上半年之后,就开始以各种借口旁敲侧击

反复试探:"我们将来的关系你是怎么考虑的""你有没有想过我们的将来""你要不想跟我认真,咱们就趁早拉倒"。在没征求小海意见的基础上,还相恋不到一年,丽丽就单方面跟她的父母宣布他们要在一年后完婚。丽丽的迫不及待让小海不堪重负,小海跟我形容,她的威逼利诱就像一张无处可逃的网,让他烦闷,让他憋屈。他说他不是不负责任的男人,只不过当他还没认真考虑清楚的时候,女友却风霜刀剑严相逼,反倒让他莫名其妙地患上了"恐婚症"。

我们不要忘了男人是野生动物,女人是筑巢动物,如果说在筑巢动物眼中情感和物质先行,那么野生动物最看重权利和自由。当女人一心想着拥有一段天长地久的感情,一个丰衣足食的家庭时,男人身上自由的保护色就会立时显现。所以只要你一提什么承诺,暗示要尽快结婚,或者本该由他掌控的人生方向盘被你不由分说地夺走之后,他就会为自由而战。你在吐出如配偶、孩子那一刻,他会马上变成一道暗室,让你不得其门而入。在野生动物的思维里,太主动的女人就像一个过于野蛮的驯兽师,会让他苦不堪言,甚至将他终身囚禁起来。

这有点像女人对待性的态度,女人都喜欢男人主动追求,但要掌握火候,分清场合。如果在大街上、酒吧里,一个陌生的男人公然向你调情,哪怕他把你夸得像洛阳的牡丹一样,你也会很反感,会觉得他目的不纯,像个流氓。此时你的防线就会立刻建立起来,你会匆忙转身离去,你不想和这个男人有任何瓜葛。

请记住,**在恋爱阶段,男人都想当角斗士,由他来主动出击,**

由他来掌控方向，他既希望你是红玫瑰，又希望你是含羞草，静静地绽放，等待他的采摘。相反，你处处主动，时时冒进，他就会意兴阑珊，甚至索然无味。一个女人如果一天到晚在她男友面前聒噪："你想过什么时候结婚吗""我父母老在催我们""我们班上女同学差不多都嫁人了""你是不是不想对我负责任""你还想耽误我到什么时候"，男人此刻的感觉是，他是一个傀儡皇帝，每天上朝都有一个垂帘听政的皇太后在盯着他，他什么事都做不了主，他就像一头被人骑在身上的驴子。接下来他要考虑的是，怎样把皇太后逼退位，或者想方设法重新变成一头自由自在的野驴。

一个聪明的女人要懂得把承诺的主动权交给男人，最好的方法就是在你们确定恋爱关系以后不要立马进入婚姻的角色，你可以表示喜欢他，但不要过分在乎他，更不要随时随地拴住他。你越心平气和跟他交往，他越觉得你高不可攀，你越对这段感情的未来走向不置可否，他就越想把握住彼此的方向盘。你姿态越低，他就越有可能自投罗网，保持一点距离，反倒使男人对你更关注，更在意，也更想持久地得到你。记住，不提承诺两个字，这是自始至终的诀窍，你越是不提，就越有希望得到它。这有点像中国一句老话："不争，乃争也。"男人都是野生动物，生来就爱探索、求知，对一个男人来说，最珍贵的莫过于经过等待、努力和奋斗得来的东西了。如果你让他处在不知自己能否得到你的状况越长久，他就越珍视你，并且越来越依恋你，直至想长久地拥有你，此时天长地久的承诺就会由他口中心甘情愿地送出。

个人建议，女人在恋爱阶段，一定要学会做到以下"八不"，因为上赶着的不是买卖，你越冷静对待一段感情，他就越对你心生敬意，你就越有机会在心理上占据上风，从而让他乖乖就范，彻底沦为你的裙下之臣。

一是当他向你求爱以后，不要在他面前表现出欣喜若狂的样子，也不要马上将他引入求婚的轨道。哪怕你心里再爱他，嘴上也要适当矜持，你可以答应试着跟他交往一段时间，你也可以告诉他，你也喜欢他，但是不是爱他还不敢确定。你的冷静和矜持，说不定更会激发他无穷的斗志。

二是不要在双方确定恋爱关系以后就急于把他以男朋友的身份介绍给你身边的朋友，实在想公之于众，也让他先把你介绍出去。

三是不要在交往没多久就一天到晚靠短信围剿他，更不要老是没完没了地问他："今天你又做什么了""你在哪儿""你下班后干什么去了""你为什么回短信老是这么慢""今天我给你打了好几个电话你怎么老不接"，如果在恋爱阶段，男人就感觉天天被你严防死守，对不起，他会对婚后的生活产生恐惧，你也将很难获得他的承诺。

四是如果他今天由于各种原因没及时给你打电话，不要穷追猛打地追问。如果他连续三天没来电话，你也不要主动跟他联系。之后，他再来找你，你应该适当地不接电话或者避而不见。当然你也可以告诉他，你正在忙，过一会儿再打回去，然后尽管去忙你自己的事情，不要让他在任何他想见你的时候找到你。当男人不来电话，女人会胡乱猜想，同样，如果她也不给他打电话，他也会想入非非。你适当地跟他玩玩捉迷藏的游戏，会让他对你兴趣大增，在找不到你的那一段时间,他甚至会烦躁不安,直至发出寻人启事。

五是在他和你还没正式谈到今后的打算时,不要主动带他去见你的家人(在见双方家长这个问题上,我倾向于这场接力赛由男方先打响)。在他还没决定带你去见他家人时,不要总是有意无意地打听他的家庭状况和经济收入。

六是不要为了取悦他就总是有求必应,百依百顺,要敢于说不。如果他感觉你像只温驯的小绵羊一样言听计从,他就会认为,你是个唾手可得的"便宜货",他不一定非要在承诺方面做出让步。

七是不要在交往没多久就收下他送出的贵重礼物:尤其是高级时装、珠宝、钻戒什么的,其实男人在送你东西的时候,也在试探你,你是喜欢他这个人,还是更看重他送出的礼物?你是爱他这个人才跟他交往?还是只想找个长期饭卡?如果你每次都照单全收,男人就会心底冒汗,他会觉得你是个物欲至上的女人,他甚至担心将来结婚以后你会索求无度。因此,当他第一次送你贵重礼物时,你要学会说声谢谢,然后再充满爱意地在他耳边轻声细语:"亲爱的,下次别花这么多钱了好吗?我会心疼的。"此时,你的一番浓情蜜意说不定会让他心花怒放,加速他给你承诺的进程。

八是不要总是有意无意地跟他提起婚姻,或者老是没完没了地质问他:"我们的关系到什么程度了?是不是该考虑结婚的事了?"如果你觉得他对你不像以前那样热情了,无须大吵大闹,而是要适当按下暂停键,比如一周之内突然不接他电话,不去找他,或者告诉他你最近很忙,你没时间去看他,他如果在意你,会主动来追你。

如果你顺利做到了以上八点，那恭喜你，你将顺利地得到你想要的承诺，甚至他会跪下来向你求婚。我们时刻不要忘记男人是野生动物，最怕失去自由，最怕缺少斗志，只有在毫无压力（既无经济压力，也无精神压力）的情况下，他才会对心上人做出共度一生的承诺。

当然，如果你抱着结婚的目的跟一个男人交往了一段时间以后，他频频出现以下的症状：

一是从未跟你讨论过共同生活或结婚的话题，你也从未见过他的家里人。

二是总是向你表示目前这种约会和同居的状态他很满意，不想改变。

三是你多次暗示他你有结婚的打算，但他总是顾左右而言他。

四是他突然以工作忙为借口，不像一开始那样主动给你打电话了。

五是他总是以手机没电、信号不好为由不接你电话或者聊了几句就匆匆挂断。

那么你也该认真反思你们俩之间的关系，我的建议，最好挥剑斩情丝，尽早改换门庭，毫不犹豫地把他从你的结婚计划中剔除出去，就像扔掉一件过气的时装一样。

你要始终相信一点，好女人不愁嫁！尤其是独立、自信又不失女人味的你，外面的天空将是无比的广阔！

第 5 章 婚后：男人需要独立，女人追求亲密

男女在婚姻生活中的心理差异：男人作为野生动物依然需要独立，女人作为筑巢动物却始终追求亲密。换言之，男人是"洞穴动物"，一旦夫妻的相处过程中无所适从就会采取消极的"逃跑主义"，女人则是"广场动物"，在压力来临时如鲠在喉不吐不快。之所以存在如许差异，来源于男人和女人不同的价值观，男人眼中的独立是和地位相偕，女人心中的亲密则是和情感结合。

一、每个男人都有一个"洞穴"

（一）男人是"洞穴动物"，女人是"广场动物"

大伟和小芬是我认识的一对年轻夫妻，可结婚才三年，他俩就出现了严重的交流障碍：大伟在一家IT公司从事产品销售工作，经常出差，应酬多，压力大。小芬则是某周刊的编辑，不坐班，工作相对轻松一些。看到丈夫工作上一筹莫展，小芬就特别心疼，总想帮他分担一下。只要丈夫下班回家，小芬就忍不住嘘寒问暖，可大伟似乎并不领情，无奈之下，小芬跑来跟我诉苦："不知道为什么每回我说话，他都心不在焉，最多用'嗯'来应付一下。我挺想关心他，问问他工作方面究竟有哪些压力，可他老是不耐烦：'你干吗没事找事，问我这么多问题。'我想试着跟他沟通，他总推说工作很忙，今天很累，改天再谈，之后又没了下文。我实在忍不住想多说几句的时候，他就拿起了报纸，要么充耳不闻，要么进了里屋。我气坏了，就提高嗓门，他却叫我冷静下来，之后呢，我们又是一晚无话——"

无独有偶，不久前我做客一档情感节目，一位已婚女性也坦承，虽然和丈夫同处一室，却有咫尺天涯之感。丈夫一旦在工作中遇到难题，就把她自动屏蔽了。她本想好言安慰，却换来对方的冷眼相向。她的苦口婆心，在丈夫看来却是喋喋不休的聒噪。她忍不住火冒三丈，他却选择沉默不语，要么一声不吭，埋头做事；要么拍拍屁股，扬长而去——从此，这对夫妻冲突不断，三天一小吵，五天一大闹，床头打完床尾合，床尾刚合床头又打，周而复始，年复一年，到现在，已经濒临离婚的边缘。

　　在我参与的各种情感节目中，夫妻沟通不畅已经成了阻碍婚姻美满的头号隐形杀手，远远大于夫妻任何一方的婚外出轨所带来的负面影响。我听到很多妻子总是在抱怨，丈夫结婚以后变得越来越陌生了，就像一个住在深宅大院里的老爷，高深莫测难以接近，做妻子的并非不想沟通，而是不知道怎样进行合理而有效的沟通。

　　这里实际上涉及男女两性截然不同的相处模式。

　　首先是面对压力的不同。

　　男人遭遇压力，精神和意志会高度集中，变得沉默寡言，这跟男人擅长逻辑性思维有关。逻辑性思维的一个重要特性就是抓住一点，纵深下去，有点像挖洞，所以男人一旦深陷其中就跟钻入洞穴的"冬眠动物"一样两耳不闻天下事，且蜷缩一团，纹丝不动，所以男人遇到压力，就会变成一声不吭的"洞穴动物"。

　　女人面对压力，表现情形正好跟男人相反，这跟她们习惯于弥散性思维有关。她们通常是不知所措，忐忑不安，急于找人倾诉，渴望有人理解，有点像广场上的小喇叭，需要一吐为快，因此，女人在压力面前反倒成了快人快语的"广场动物"。 男人摆脱压力，获得释放的方式，和女人完全不同。除非柳暗花明，否则他一刻不得安宁。女人则不然，只要把问题说出来，就可以得到宣泄。男人和女人的不同，由此可见一斑。

（二）洞穴是男人的"秘密花园"

我曾在序言中提到，男女情爱心理有三大差异，其中一条是独立性和依赖性的差异，换言之，在两性相处阶段，男人更倾向于独立，女人更追求一种依赖的关系。这种独立对男人来说是自力更生、独当一面，是效率、力量和能力的集中体现。相反，未经男人的请求，就擅自出谋划策，甚至提醒他该做什么，不该做什么，男人就会有种无地自容的感觉，因为这种所谓的建议无异于"越俎代庖"，相当于告诉这个男人："你很笨！你根本没有能力独自解决问题！"在男人看来，可以独立承担，却要别人指手画脚，这是软弱和无能的表现。

倘若暂时无计可施，男人就会一声不响，迅速进入"洞穴"。所谓"洞穴"，就是他的自我天地，是他的"秘密花园"，是他精神世界的"隐蔽所"，是他退避与休憩的"避风港"。

每个男人都有一个"洞穴"。他遭遇压力，就迅速进入其中，集中所有注意力，早日解决他的问题。至于其他问题或责任，就会暂时置之不理。于是乎，这个男人看上去寡言少语，神情委顿，心不在焉。你试图同他交流，他只会勉强动用5%的思维应付，剩下的95%，则用在他的工作、他的问题之上。

每个男人都需要一个私人的"洞穴"。那么，当他沮丧、受伤、疲倦、遭遇挫败的时候，他可以躲在那个洞穴里疗伤和休整。他在里面，也许什么都不会想，什么都不会做。他不需要倾诉，也不需要安慰，他只想一个人在那里发呆，此时他不需要妻子，也不需要情侣，至多需要香烟和啤酒这两个老伙计的陪伴。这个时候，女人唯一可以做的，是守在洞穴外面等他。千万别闯进去，也千万别把他拉出来。女人对男人最大的体谅，便是接受他偶尔会躲进自己的洞穴里。

男人突然钻进洞穴，原因或许各式各样，但总结起来，多数情况下只是因为：

一是工作中暂时遇到难题，他要苦寻答案。就像一个中学生突然被一道数学题难住了，他不需要被打扰，而是宁愿一个人苦思冥想，此时独处是最好的方式。

二是夫妻之间的争吵让他不堪重负，他要暂时逃避一下，好调整情绪重整山河。男人一贯戴着理性的面具，他不愿妻子看到他狂躁不安的一面，因此他要与世隔绝，如同一个武林高手需要闭关修炼，此时，他会在"洞穴"入口处挂起"请勿打扰"的牌子。

三是渴望找回自我。在"爱河"中畅游了大半天，男人会有瞬间迷失的感觉。男人最怕英雄气短儿女情长的古训，一旦整日和心上人一起卿卿我我情意绵绵，男人内心的警报就会不由自主地响起，于是铃声大作，他慌忙进入"洞穴"。在独处的过程中，他又找回了自我，获得了力量。与此同时，他想起女人的种种好处，他的骨子里，又流淌出昔日的柔情。

男人一旦进入洞穴,要么长久地发呆,要么就与烟酒为伴,如果短时间内无法排遣内心的忧愁,他还会选择上网聊天、阅读新闻、看书看报以便获得释放。要是压力过大,他会撇下心爱的妻子独自外出游玩,和关系最铁的哥儿们相约泡吧打球,或到郊外爬山。

(三)当男人进入洞穴,不如退避三舍静观其变

当身边的男人突然变成沉默不语的"洞穴动物",女人该怎么办?是刨根问底穷追不舍?是不依不饶大吵大闹?还是亦步亦趋,尾随其后,就像男人的影子?

作为男人,我的意见是这三种行为都不可取,而且弄不好还适得其反。

当男人心绪不佳时,独处和沉默是最好的良方,此时你的啰唆和干扰反倒火上浇油。在情感节目中,经常可以看到类似的情形,男人一旦选择沉默了,他身边的女人就开始如坐针毡,甚至不撬开男人的嘴巴誓不罢休:

"你为什么突然不说话了?"

"你到底出了什么事?告诉我吧!"

"你是不是有什么事瞒着我?为什么不说出来,难道你不信任我?你不再爱我了?"

"你老这么不说话什么意思吗?你是不是在外面有别的女人了?说啊,你居然连跟我说话的意愿都没有了?你简直太过分了!她是谁?干什么的?我要找她评理去!"

在两性关系中,女人在判断上常常出现的一个偏差,就是错误地以为,男人也像自己那样,愿意讲出心里的感受。她想知道男人的心事,但男人矢口否认。她不肯罢休,一再追问,男人只好一再否认。否认的结果,女人反倒疑神疑鬼甚至异想天开,她认为男人拒绝对话是因为见异思迁移情别恋,甚至无端地怀疑他外面有了第三者,他不再爱她了!

可男人偏偏就是一种执拗的"洞穴动物",你越急于让他开口讲话,或者催促他走出"洞穴",男人就越是沉默,或者长久地独处。当女人在男人钻入洞穴时最爱问:你为什么不和我说话?男人通常的回答则是:你可不可以静下来?

我的意见,在男人进入洞穴之后,与其大动干戈斗个两败俱伤,不如退避三舍静观其变,给他独处的空间,就像女人都有属于自己的"闺秘",也应该允许男人拥有自己的"洞穴",让男人留着这座仅有的"秘密花园",不仅是对男人的尊重,对自己的保护,同时也是对你们关系的肯定和自信。多一份神秘感就多一份好奇心,如果一个男人能让你抱着好奇心探秘一生,那将是多么美好的旅程!只有愚蠢的女人才会把美好旅程变成纠缠不休、你死我活的内耗战。不要因为整天想窥视男人的"后花园"而荒芜了自己"前花园"的建设!因为探寻别人始终不如开拓自己!记住,亲密有间才能进退自如,给对方多一点空间,也就是给自己多一点自由,给这份感情多一点希望。

具体来讲,当男人选择沉默,进入洞穴,女人不妨尝试一下:
一是给他足够的自由,足够的空间。不要打扰他,更不要埋怨他，你只需在洞外静静地守候，就像等待游子归家的母亲，而不是虎穴追踪的公安战士。

二是也给自己开出一个私人的空间。利用这段独处的日子，听听音乐，做做按摩，或约两三个知己好友小聚一次，当然出外购物或者短程旅行一番也不失为一种理想的选择。说不定当你从外面散心回来，他也神气活现地步出洞穴，重获新生。

三是要以更加宽容、更加大度、更加温柔的姿态来面对他。男人走出洞穴，常常心怀愧疚，倘若你不计前嫌满面春风，他就会感到莫大的欣慰，此时你再为他准备一餐丰盛的晚宴，说不定他会马上揽你入怀，频表歉意。请记住：男人的价值不仅仅体现在事业的成功上，也体现在女人宽容的笑靥中。

其实，男人身处洞穴之中，他的爱并没有退却，更没有消失。他的思维被别的力量牢牢占据，难以挣脱。不过，只要找到问题的答案，他的眼前就会豁然开朗，他的心里就会洒满阳光。用不了多久，这个六亲不认的洞穴动物就会眉开眼笑，弃"巢"而出，让一切恢复原状，归于正常。此时，你的宽容和理解说不定会让他变得更加关心和体贴。这就好比是投掷的时候，适当地后退一步，反倒可以把球扔得更远。印度著名诗人泰戈尔也说过：我一次又一次地离开，是为了一次再一次地回来。

（四）男人如同钟摆，总在亲密和独处之间，不停地变换

美国著名两性情感作家约翰·格雷在他闻名世界的著作《男

人来自火星,女人来自金星》一书中如此来形容男人这种"洞穴动物":"男人就像橡皮筋,将橡皮筋延长,只要没超过弹性限度,一松手,立刻就会反弹回来——对于理解男人的'亲密周期',这是个完美的比喻。男人'亲密周期'的过程是:亲密—疏远—亲密。"

有时候,男人的"亲密周期"很像女人的生理周期,当女人进入生理周期就会烦躁不安,男人也一样,即便男人再深爱一个女人,也会周期性地选择"逃避"。在此之后,他才对女人更为亲近。男人之所以逃避,是要满足"独处"和"反省"的需要。陷入亲密关系的男人,时不时地幻想独处的快乐,自由的美好。他满足了独处和自由的需要,就会不可遏止地向往亲密。男人如同钟摆,总在"亲密"和"独处"之间,不停地变换!这是男人野生动物的本性决定的,他有时候喜欢群居,有时候又喜欢独处。有时候向往亲密的二人世界,有时候又想做个独行侠。

二、夫妻吵架的根源在哪里

（一）独立是与地位相偕，亲密是与情感结合

上文提到，男人是"洞穴动物"，一旦无所适从就会采取消极的"逃跑主义"，女人则是"广场动物"，在压力来临时如鲠在喉不吐不快。之所以存在如许差异，来源于男人和女人不同的价值观。

对此，《男人来自火星，女人来自金星》这本书作了精妙的概括。书中提到，"火星人（男人）重视力量、能力、效率、成就。他的人生态度，与成功、成就密切相关，这可以给他带来最大的满足感，渴望胜利、追求业绩，成了火星人价值观的核心"。

男人把成就和成功看得至高无上，在绝大多数男性看来，社会是按阶层和等级划分的，充满竞争意识。在这样的世界里，人与人之间的交往和谈话都好像一场谈判，强者无疑占据上风。因此生活就像战场，人们必须挣扎、奋斗，以维护独立与尊严，并且避免失败。因此，男人眼中的世界就是充满竞争的世界，追求地位的世界，独立是其中的关键字眼，因为只有独立才意味着不受约束，不受控制，谁叫男人都是野生动物呢？

女人的价值观则不尽相同,《男人来自火星,女人来自金星》一书中是这样评价金星人(女人)的:"在金星人的词典里,与'沟通'和'交流'有关的词语,占了绝大部分。这就是说,金星人喜欢交流,乐于诉说,渴望与人分享感受,这种情感依托,远比事业有成更为重要。"

一言以蔽之:女人不以目标和结果为终极,她更关心情感交流的过程。她更愿意以此展示她的爱,她的关心,她的美德。在女人眼中,世界像一个互联网,每一个人都在这个网络中。在这样的世界里,人与人之间的谈话目的在于促进彼此的亲近,人们付出并寻求他人的肯定与支持,并达到和谐一致。因此,对于女人这种筑巢动物来说,生活就像一个大家庭,人们要像爱护自己的家人一样保持彼此之间的亲密关系。这样的世界看似也有阶层存在,但阶层主要由友谊来决定,而不是权力或者成就。因此,女人眼中的世界则是追求人际情感的世界,亲密是其中的关键字眼。

其实女性也会关心成就、地位,并且害怕失败,但这并非是她们时时刻刻所注意的焦点,甚至她们会在人际情感的乔装打扮下去追求成就。而男性当然也在意自己与他人的情感并且逃避孤独,但相同的,他们并不会把焦点放在这些目标上,甚至当他们追求人际情感时,会以一种对抗的态度加以掩饰。

我一个大学同学曾经跟我说过这样一件事:有一回,她跟她老公一起开车去郊游,同行的还有她老公单位的同事。在住宿的旅店,就因为老公接了一个很长的电话,她感觉被忽略了,忍不住埋怨了几句,没想到她的老公大为不满:"请你把声音放低点,我的同事就在旁边，我不希望他们觉得你在对我发号施令。"在这里，男女争吵的起因大不相同，妻子是出于亲密关系受到干扰而心生怨气，丈夫则由于他的地位受到挑战而怏怏不乐。

倘若说亲密的意蕴为"我们亲近并且相同"，而独立便在于宣称"我们是分开的，并且有所不同"。显而易见，女性追求的亲密是跟情感结合的，而男性向往的独立则与地位相偕。情感的要素在于对等性：人人都是同等的，每个人对其他人都有一种平等的情感。而地位的要素在于非对等性：人们并不相同，他们各自处于社会的不同阶层。所以，当女性跟人交谈的时候，她是以人与人之间的关系以及亲密性为主题，而男人却是以人与人之间的地位和独立性为主题。

（二）男孩从小要求互相竞争，女孩从小要求彼此依赖

概括来讲，在婚姻生活中，夫妻情爱心理的一个重大歧异则是：男人作为野生动物依然需要独立，女人作为筑巢动物却始终追求亲密。倘若细究下去，这种奇妙的差异似可追溯到童年。

我想绝大多数男性读者跟我一样，都曾经有过跟儿时的小伙伴一起玩"兵捉贼"游戏的体验——手里拿着玩具枪，在空旷的学校操场上，在宽敞的机关大院里高声呐喊横冲直撞。那时候，总会有年龄较大、个头较高、说话较"横"的男孩扮演其中的"老大"，他常常借着发号施令及使他人效忠自己来获得领导地位，（比如他喜欢用这种不容置疑的语气说话："你马上过去""你出来，到

我这里来""给我往前冲")并指挥其他的小伙伴冲锋陷阵,而年龄较小、个头较矮的一方则不可避免地在游戏中沦为被消灭的"贼"。总之,男孩们只要在一起玩耍,拔河也好,踢球也罢,总是有输有赢,并且有一套由各种规则所组成的评估系统,而这些规则也经常成为争执的所在。最后,男孩们总是夸耀自己如何威武,而且不停地争论谁才是真正的NO.1。

当然,女孩们也喜欢三五成群地围在一起,她们喜欢玩的则是另一种游戏——过家家。这大概就是筑巢动物的天性吧?在这种孩子们临时组建的"家庭"中,亲密是第一要素,个别差异是由彼此之间亲近的程度来决定的。她们并不计较谁输谁赢,即便其中有的女孩表现更好,但很少夸耀自己。游戏中,女孩们彼此都是平等的,只有亲疏之分,并无高下之别。彼此之间,她们很少用居高临下的语气说话,更多是用一种询问的方式和亲切的语气表达出来:"你看这样好吗""我们一起来做这件事可以吗",女孩们不会互相争夺游戏的核心地位,因此她们很少直接向他人挑战。大多数时候,她们只是坐在一块聊聊天拉家常。在彼此的关系中,她们不像男孩那样迷恋地位,她们所在意的是自己是否为他人喜欢和接受。

自古以来,男女一直生活在完全不同的社会规范和情爱价值系统之中,男孩从小就要求互相竞争,而且强调个性的独立,女孩则倾向于互相合作和彼此依赖。即便是两个关系融洽的小伙伴,他们表达亲密的方式也是用拳头敲打对方的胸膛,或者大声地说笑叫喊,而女孩子则习惯用手拉手和窃窃私语来显示彼此的亲密关系。"闺密"一词也只限于女孩之间,男孩之间则用"哥们儿"来代替。

前者更具隐私色彩，强调相互间的依赖感，后者则江湖味道显著，包含了一定的独立性。

从男孩与女孩的游戏中，我们可以观察到男人与女人关系的雏形。男孩的游戏总包含阶层的差异，谁是老大，谁是下属泾渭分明，在这里，交易的主要商品是地位，这是靠告诉他人该做什么，以及抗拒他人要自己做些什么而获得的。延伸到两性关系中，男人最怕地位被褫夺，而独立是地位的同义词，所以男人会以独立为挡箭牌来掩饰尴尬。在女孩的群集世界中，主要的交易商品则是亲密。延伸到两性关系中，女人最怕男人的忽视和冷漠，一旦男人以自由为借口选择逃避，女人就会如坐针毡，感觉不到爱情的甜蜜。

我记得若干年前看过一部韩剧，里面有这样一个情节：丈夫由于工作繁忙突然加班，连续一周早出晚归，妻子备受冷落之余心情烦躁，就打电话到丈夫所在的公司探询。不巧被公司的其他同事接到，丈夫自觉面上无光，于是回家后跟妻子出现了如下的争执：

"我那么忙，你为什么还要在我工作时间干扰我？"

"你再忙，也不应该不关心我，不关心这个家啊。"

"可是你这么做是在操纵我，是在干涉我的自由，你知不知道？！"

"我操纵你干什么？我是关心你，你怎么不知好歹啊！"

在这里，夫妻的争吵实际上是来源于男人向往自由和女人重视情感之间的差异。男人更在意他的独立性，他行动的自主权，他不愿意在同事面前沦为低三下四的"妻管严"。对这位妻子而言，丈夫忙于工作无形中忽略了彼此的亲密关系，她打电话给他只是要倾诉心中的不满，可丈夫却视为妻子在操纵他的自由。

其实，女人并非不尊重自由，男人也并非漠视人际情感。只是在人与人的关系中，男人较重视独立与自由的追求，而女人较重视相互依赖与彼此的感情罢了。男女之间的差异，在于焦点和程度的不同。

（三）男人的谈话是为了交换资讯，女人的谈话是为了情感互动

既然男人眼中的独立是跟地位相偕，女人心中的亲密是和情感为伴，接下来男女之间在交流方式上出现的歧义也就不足为怪了。**男人之间的谈话更多是交换资讯、获取信息，在追求地位的世界里，讯息占有的多寡决定一个男人的地位等级。**在一些饭局中，我们常常可以看到一些地位较高的领导专家或长辈掌握着话语权，而地位较低者只有洗耳恭听的份儿。在这种情况下，男人们坐在一起，喜欢讨论政治、军事、经济、体育等方面的公共话题，实际上就是交换讯息的过程，也是显示彼此地位的过程。**男人下班回家热衷于看报看新闻，其实等于在"充电"，男人都是竞争意识极强的野生动物，他们深知，在优胜劣汰的竞争社会里，讯息的缺失等于权势的缺失，讯息的不平等就意味着地位的不平等。**

可女性的看法却不尽相同，**在大多数筑巢动物心目中，谈话是为了情感的互动，诉说是体现双方关系互有交集的途径。女人在谈**

话时也交换信息，但不是男人热衷的政治、军事、经济、体育等方面的公共资讯，而更多集中于生活的琐事，私人的秘密。聆听对方说话，则传递着温暖和关怀的情感，当一个女人满含爱意地尽情诉说时，她无法容忍丈夫的冷漠和轻视。

在美国经典影片《公民凯恩》中，有一组报业大亨凯恩与他的妻子爱米莉共进早餐的镜头：二人第一天共进早餐，在餐桌旁十分亲密地坐在一起；镜头快摇，直至结尾，二人再没有出现在同一画面，只是餐桌旁不同季节着装的正反打镜头，二人的谈话从夫妻生活到妻子的抱怨，政治势力的微妙影响，办报宗旨。镜头一开始，两人还亲密地交谈，到后面就变成爱米莉一个人在不停地说，凯恩话越来越少，只是在低头看报。最后一个镜头中，二人怒目而视，各自看着不同的报纸，镜头拉开成为全景，二人各坐餐桌一端，新婚时的亲密荡然无存。

其实，不光是凯恩夫妇，很多夫妻在共进早餐时都出现过类似各自为政的局面——妻子在喋喋不休，丈夫却充耳不闻，埋头看报，于是妻子心生不快，一把夺过丈夫手中的报纸，接下来，一场不可避免的争吵就像定时炸弹一样被引爆了。

此时，夫妻双方都满腹冤屈：对丈夫来说，看报是为了获取讯息，妻子夺报则是干涉他行动的自主权；对妻子而言，当丈夫埋首在报纸中无暇和她说话时，正是她感到最需要言语互动的时刻，可他的行为，却是对两人亲密关系的一种伤害：他正远离她，他对她失去了兴趣。显然夫妻间的这种争执来源于彼此对交流的不同理解。

（四）男人在婚姻生活中总是不露声色三缄其口的原因

正如美国语言学家、情感专家德博拉·坦嫩在《男女亲密对话：两性互动必修课》一书中所指出的："女孩和女人们认为，被友伴所爱是人生的关键大事，而她们的交往便着重在对等性的人际情感上。男孩和男人们则认为，被友伴所尊敬是人生的关键大事，因此他们的交往便着重在非对等的地位关系上。"当我们倾诉女人与男人的心灵时，我们将发现两者都在建立他们的友谊世界，也都关心着自己和他人的关系。不同之处在于两者的基本关怀不同：对男人而言，是个人在阶层中的位置；对女人而言，则是个人在亲密的人际网络中的位置。这些关怀的差异，便导致了说话方式的不同。

对大多数女性而言，跟最亲近的人坐在一起诉说情感谈论生活，是她们快乐的源泉，只有跟最亲近的人在一起分享彼此之间的秘密，女性这种筑巢动物才会摆脱"分离焦虑"，才会觉得她在这个世界上并非孤立无援。男人则正好相反，他们获得地位的途径在于各自的成就和技能，而不在于跟谁建立亲密的关系（当然也有靠维持跟领导的亲密关系获得升迁的男人，他们通常有个外号，叫作"马屁精"）。**绝大多数男性都会敏锐地感受到泄露秘密将会导致彼此权力上的不平衡。就某一方面而言，显露弱点的人，总会觉得自己处于下位。就另一方面而言，泄露出去的某些讯息，也可能对自己有所不利。因此把秘密埋在心里，是最安全的做法。在某一个层面上，他们要扮演"大男人"的角色，一旦陷入这些"婆婆妈妈"**

的话题，就过于女性化了。

所以，不与女性作对等的谈话或以静默的方式展现，便成为男性统治关系的利器（同理，雇主也会运用同样的方法以免内心想法被员工窥知）：要是你话太多，难免言多必失甚至授人以柄；要是你太情绪化，就会被贴上软弱和无能的标签。女人焦虑时习惯用倾诉来缓解，男人为了不给人留下"娘娘腔"的印象，只好将所有不爽的事情埋在心里。于是，我们就不难理解，为什么在婚姻生活中，女性一直尝试着把思想和情感通过亲密的对话表达出来，而男性却总是不露声色三缄其口，从不轻易向外透露。

男人只有在一种情况下才会一吐衷肠，那就是喝酒。只有在酒精的麻醉下，他才会暂时丢下大男人的面具，彻底放松自己，找到自我。有时候，酒精是男人最好的倾诉伙伴，也是男人渴望的心灵鸡汤，有时候，酒精又是诱惑男人的性感女郎，宽慰男人的心理医生。男人为何与酒总是有着割不断的情缘，大抵如此。

三、适度的唠叨是女人表达亲密的一种方式

（一）对女人来说，唠叨是一种心理宣泄

有位女士向法院提出诉讼要和丈夫离婚，当法官问她想离婚的原因时，她说因为她的丈夫已经两年没和她说话了。当法官问那位丈夫"你为什么不和她说话"时，他回答："因为我不想打断她的话。"

这是个流传很广的笑话，它反映了人们的一个普遍看法：女人一旦结婚，话就会变得特别多。

女人为什么话多？

首先来源于女性较为突出的语言表达能力。国外科学家通过研究表明，女性学习语言的速度，拥有词汇的数量以及在演讲朗诵方面的口才都强于男性，口吃患者也是男多于女。对于女性的语言优势，澳大利亚的语言学家和心理学家亚伦·皮斯和芭芭拉·皮斯合著的"男人，女人"系列丛书中，试图从进化角度解释。他们认为，从原始社会父系时代的开端，男主外、女主内的风俗形成开始，男人更多地使用肌肉去解决问题，而女性则更多留在家中和

孩子以及其他同伴沟通交流，从而演变出如今男性和女性在语言方面的差异。他们通过研究还发现，虽然很多男女操同一种语言，但是女性语言中至少包含了5种语调，而男性则只有3种语调。在一天之内，女性能够使用一种包括复杂的语调、面部表情、手势在内的丰富手段，发出多达2.4万个交流信号，而男性每天则最多不过7000到1万个信号，这也就难怪女人比男人更爱说话了。

但女性也有自己的弱项，比起男性来，女性不太善于排解自我压力。美国密歇根大学的心理学家苏姗·亨克塞玛认为，女性的生理机制使得她们更容易放大生活中的负面因素，"女性更倾向于患得患失、瞻前顾后，她们更容易变得悲观失望"。这大概就是当女人的诉求得不到满足时容易陷入唠叨的原因。因为对女人这种筑巢动物来说，唠叨某种程度是一种心理宣泄，就跟打扫房间需要清除垃圾一样，男人排遣的方式是抽烟，女人则是唠叨。唠叨是女人的一种习惯，也是女人心理平衡的手段之一。女人大多心里装不住事儿，总是有不吐不快的感觉，事情说出来比闷在心里好得多。人的一生里，不知要承担多少压力，忍受多少委屈，也不知心中有多少不满和牢骚，需要发泄和诉说。对这些，男人倾向于忍耐，女人倾向于发泄，男人倾向于付诸行动，女人倾向于付诸感情。

前面提到，男女一直生活在不同的话语交流系统中：男性的交流更多是获取讯息，一种潜在的地位的抗衡，所以男性对政治、经济、军事、体育之类的公共性资讯更感兴趣。女性的交流则倾向于情感的互动，女性之间的话题也更具隐蔽性和私密性。记忆方面：在同等条件下，女性更易记住关于感情方面的谈话，而男性更易记住与政治经济方面相关的话题。让一群男女同时收看电视节目，男性显然对新闻节目和体育赛事兴趣更浓，大多数女性则对连续剧和情感访谈节目念念不忘。女人喜欢谈论感情，男人不喜欢，他们更愿意谈论足球或时政。

（二）女人诉说细节是表达亲密的一种象征

如果说男人遇到烦恼就会钻进洞穴一声不吭，女人心情不好则会坐而论道。 具体形式就是和她信任的人待在一起，将苦恼娓娓道来，她喜欢将感受和盘托出，与人分享，喜欢开诚布公地谈论彼此的问题，就像广场上四处广播的小喇叭。在女性看来，对别人讲述心里话，意味着爱和信任。在心爱的男人面前，女人喜欢不停地诉说，不停地唠叨，她不太在意内容，而在意形式，不太在意讯息，只在意表达，不太在意结果，只在意过程。这对于总是习惯有一说一言简意赅的男人来说，女人的谈话未免琐碎、啰唆，殊不知，**女人有时候爱唠叨是表达亲密关系的另一种方式，这也就是为什么大多数妻子总喜欢在丈夫面前表示她们的不满和疑虑的原因所在。她们以这种表达方式来缩短彼此的距离，因为她们觉得，如果把这些感受都隐藏在心里，那么彼此的距离就更加遥远了。女人诉说细节是表达亲密的一种象征。女人偶尔唠叨几句，就像孩子的哭闹，不见得是真难受，只不过是想引起你的关注，提醒你忽略了她。**

如果说男人存在一定的"亲密周期"，整个周期的过程是亲密—逃离—亲密，那么，女人也存在一种"情绪周期"，整个周期的过程是波峰—波谷—波峰。波浪上升过程中，她的心中洋溢着爱。她对男人有着无限的柔情。由波峰降至波谷，她的情绪和感觉，就是另外一番景象——她彷徨而忧郁，内心极度空虚，渴望以男人的爱来填充。到达波浪的谷底时，她的情感才趋于平稳——这是情感梳理的最佳时间。

一个成熟的男人应该懂得，心爱的女人突然变得爱唠叨了，等于在向你发出警报，她心情烦闷了，她备受冷落了，她需要你的关心，你的哄，你的爱。反之，一个女人爱的诉求得不到及时的回应，她的埋怨就会如滔滔江水连绵不绝，又似黄河泛滥一发不可收。 所以有人说，堵住老婆的嘴最好的方法就是给她一个深情的吻，而不是冷言冷语，更不是逃之夭夭。此时，这个吻好似妙手回春的神医，能让一段岌岌可危的感情起死回生，也能让一个满腹冤屈的怨妇瞬间变成爱的天使。

女人的唠叨，有时候也是出于对丈夫和孩子的无微不至的关怀和体贴。清晨，当窗户刚刚透出紫色的天光，女人会准时摇响"唠叨"的起床铃。当丈夫孩子衣冠不整时，会有唠叨；当她精心做好可口的饭菜久等而不见丈夫回来时，会有唠叨；孩子功课不好会唠叨，丈夫酒喝高了烟抽多了会唠叨——这唠唠叨叨，形式是怨，而内涵却是爱。女人的唠叨是一盘鸡肋，食之无味，弃之可惜；女人的唠叨是一盘臭豆腐，嗅着奇臭无比，细嚼有滋有味。"蝉噪林愈静，鸟鸣山更幽。"女人的唠叨给恬静的家庭生活中平添了许多生气，家庭里没有了女人的唠叨，也许会太冷清乏味。

仔细分析，**被女人唠叨其实是一种幸福，是一种关爱，一种维**

护婚姻的方式。男人都粗心，在事业上叱咤风云，在生活中难免不拘小节，女人的唠叨算是一种有益的补充。男人在外聚会，深夜各自电话都会此起彼伏地响起，戏言说'老婆查岗'，从男人的眼神和嘴角的笑意中可以得知被女人牵挂是一种甜蜜。女人的唠叨，等于把她的内心世界真实地展现在你的面前，提醒你，有哪些事情没有做好，有哪些事情以后要多加注意。借助她的唠叨，你可以像X光机一样，给自己来个思想上的透视体检。

（三）女人爱唠叨也是沟通无效之下的一种无奈和抗议

不过，有时候女人爱唠叨也是基于沟通无效之下的一种无奈和抗议，香港情感作家、电台主持人素黑就说过："男女在沟通上出现很多误会和矛盾，原因是彼此对语言的制作目的、后期处理和生效日期的准则大不同。女人投诉男人光说不兑现，不知男人其实不擅沟通，希望尽快解决问题，在未理解女人真正的心意前便妄下定案和建议，以为问题解决了，对说过的也无须费神和在意。"

实际上，男人是惯于逃跑的洞穴动物，语言只是工具，承诺只是手段，容易讲完就算，说完就忘，甚至宁愿借助失意来逃避暂时的负担，却不一定存心食言。这跟大多数男人在情感方面特别迟钝有关，不会察言观色，不在意别人的心情，大大咧咧，没心没肺。对他好，他不知道，对他不好，他也不知道。说得好听一点是大肚能容，其实是刀枪不入，什么也没进去。因为迟钝，所以不知道别人的真实感受，男人常常以为别人的感受和自己是一样的，习惯于把自己的感受强加于人,安排别人的生活。男人大大咧咧,得过且过,女人明察秋毫,精益求精。很多妻子抱怨,丈夫喜欢用所谓的甜言蜜语开具一些永远不去兑现的空头支票,其实说穿了就是这么回事。

同样,男人怪女人执着于陈年旧话,却不知女人是靠情感制造记忆,凭谈话编织梦想的广场动物,女人特别重视说话的情感语境和其引申意义,倘若说,男人活在当下,女人则是为将来而活。当男孩子还很懵懂的时候,女孩子已经对自己的将来有了一个相当具体的规划,包括嫁什么样的丈夫,住什么样的房子。如果把男人当初的承诺看作是卖出的一件商品,女人大多看重售后服务,而男人基本上喜欢一锤子买卖,没办法,女人天生缺少安全感,要从语言承诺的记忆中制造爱和被爱的真实感,难怪总是活在过去,忘记现在。女人要说很多话制造充实感,加强亲密感,此时,所谓的唠叨就不可避免了。

男人的沟通基础是当下的意愿,尽快解决问题远离对话,女人的沟通基础是制造永恒感觉和记忆,尽量延长对话,所以男女沟通就容易导致死穴,男人不想记起,选择沉默,女人不忍遗忘,就难免唠叨。

(四)对唠叨的依赖容易导致"倾诉饥渴症"

不过凡事都有个度,女人偶尔唠叨一下挺可爱的,适当的唠叨是一种体贴,一份关怀,倘若唠叨起来没完没了,成了一种习惯、特权，那就过犹不及，永无宁日了。

在一个情感节目中，我就遭遇了一场由唠叨点燃的离婚大战。妻子因无端怀疑丈夫和单位的一个女同事关系暧昧，整天以唠叨的形式进行打听盘问，丈夫百口莫辩，反倒假戏成真，原本还算美满的婚姻就在女人无休无止的唠叨和猜疑之中分崩离析。

偶尔的唠叨，适当的倾诉有助于保持健康的心态，也有助于维护夫妻之间正常的交流。但过度的唠叨会使女性出现越说越想说的恶性循环，就像被一种莫名其妙的饥渴淹没，又像喝了爱说话的酒。国外心理学家指出，对唠叨的依赖容易导致"倾诉饥渴症"，据说如今在很多大城市，这种"倾诉饥渴症"已经成为比自闭危害更加广泛及严重的"都市女性病"。

那么女性应该如何预防这种"倾诉饥渴症"呢？

一是要学会宽容，不要过于计较。

在琐碎的婚姻生活中，有些女人是"近视眼"，只看眼前利益，只重一时得失，对鸡毛蒜皮的小事喜欢斤斤计较，时间长了，她的丈夫再大度，也会消化不良。当男人白天为了工作一路冲杀，晚上一进门听到的却是女人无休止的唠叨，你想他心里是什么滋味？

一个对妻子唠叨不堪重负的丈夫对我说过这样一番话：当男人身心疲惫时，他盼望女人给他激情和力量，给他柔情和妩媚，这样他才会全心全意为爱去拼搏。

男人在职场上驰骋，其实是为了取悦女人，当他把收入交到妻子手里，心里有的是自豪感和成功感。甜蜜的爱不是在唠叨和指责中永恒。要想爱情保鲜，首先要学会的是宽以待人。

二是学会简短快速的表达，避免无谓的重复。

过度的唠叨就是啰唆，男人不怕善意的提醒，就怕婆婆妈妈的聒噪。敦促丈夫去干一件事，说完了就赶紧忘掉，训练说话只说一遍，不要来回重复。记住言多必失，多说无益。

三是要学会把唠叨变成撒娇。

男人对过度的唠叨风声鹤唳，却对适度的撒娇来者不拒。其实女人的唠叨和撒娇就一线之隔，噘个嘴，嗲声嗲气偎在丈夫怀里敲打他一下，比横眉冷对的无谓唠叨一定事半功倍。

四、好男人：在外当"大狼狗"，回家做"哈巴狗"

（一）男人擅长公共性谈话，女人喜欢私密性谈话

印象中，曾经看过这样一则美式漫画：一对中年夫妻坐在沙发上，丈夫看报纸，妻子则干瞪着眼，一直盯着报纸的背面。妻子忍不住抱怨："整个晚上你的眼里就只有报纸，我敢打赌，你甚至不知道我人在这里！"丈夫边看报纸边安抚她道："我当然知道你在这里，你是我的妻子，而且我非常爱你。"说这话时，丈夫仍目不转睛地盯着报纸，一只手则轻拍着爱犬的爪子，那正是他妻子原来待的地方，而此时她早已离开了这个房间。

据说，在很多描绘中产家庭的美式漫画中，总是有一个沉默的丈夫和一个"多话"的妻子，丈夫一沉默，妻子就抱怨："他总是不对我说话""他总是不听我说话""我都不知道他一天到晚在想什么""他到底爱不爱我""他还在乎不在乎这个家"。

其实，不光美利坚合众国诸多男性公民的太太们有这些烦恼，身处大洋彼岸的中华人民共和国的已婚妇女们也是此情无计可消除，才下眉头，却上心头。

前不久我做客一个情感节目，就听到了一个中年妇女的抱怨。

她投诉，结婚十五年了，丈夫每次下班回家，嘴就跟上了封条似的很少开口。每次她好心地询问"今天工作还顺利吗"，他要么随口敷衍一句"还好"，之后就没了下文；要么就把外衣一脱，往沙发上一躺，干脆一言不发。

可是每当两口子出去走亲访友的时候，丈夫就立马像换了一个人，他口若悬河能言善道，信手拈来的不是有趣的故事，就是幽默的笑话，人们全都听得津津有味，于是她更加不满："在家里，他为什么从未对我说过这些！"

为什么一个在家里总是沉默是金的丈夫到了公共场合就变得口若悬河，是他和太太缺少共同语言？缺乏正常沟通的渠道吗？还是他早已心猿意马移情别恋？

事实证明都不是，这涉及男女谈话方式的歧义。

正常人而言，谈话按区域不同分两种，一种是置身于公共场合（如单位、饭店、大街以及和一群亲朋好友、单位同事共同在一起交流的大众场所）的公共性谈话；一种则是栖居于私密场合（比如公园、酒吧、家庭、卧室、床上以及和情侣、爱人、配偶单独在一起的隐蔽场所）的私人性谈话。通常来讲，男人较喜欢公共性谈话，女人较喜欢私人性谈话。前者的谈话大都以资讯的交换为核心，故而被国外的心理学家称之为报告性谈话，后者的谈话则以情感的交流为目的，被称为情感性谈话。

仔细观察不难发现，男人擅长的公共性谈话大都不离时事政治、体育赛事、股票行情，偶尔也涉及女人和性，但通常没有特定的指向性。他们的谈话更带有一定的理论性、逻辑性，也包含谈话者本人一定的炫耀性。就像美国著名心理学家德博拉·坦嫩在她一本畅销全球的两性情感专著《男女亲密对话》中指出的那样："对大多数男人而言，在公共场合跟朋友之间的言语对话更像一场江山争夺战，他们借着语言来维系个人的独立性，并且掌握在社会阶层中的地位。他们展示自己高人一等的知识与才能，借着说故事、说笑话以及提供资讯等方式，将自己推向舞台的中心。"是啊，男人这只好斗的公鸡哪怕在酒桌饭局上也不忘在同类面前逞能。

女人渴望的私密性谈话恰恰相反，偏感性，偏零碎，偏散乱。而且话题大都围绕家长里短、鸡毛蒜皮，如果说男人的公共性谈话更倾向于表达，就像一个参加竞选的总统急于在选民面前推销自己一样，女人的私密性谈话更侧重于倾诉，只要心爱的人专心致志地洗耳恭听她就会有种极大的满足感！

在女人的生活里，她一直尝试着把思想和情感在私人的对话中表达出来，所以女人总是愿意和心爱的男人在一起独处时喋喋不休，或者让对方真诚地打开话匣子，可男人偏偏要说不。男人总是习惯于在公共性的谈话中一展才华，一到私密场合就三缄其口，英雄气短儿女情长的古训似乎像一记警钟似的不断在他们耳边敲响：男人不该轻易表露自己的感情，否则就会尽失男子气概！看中国的武侠片、美国的西部片，你会注意到一个十分有趣的现象：一些顶天立地的大英雄，在沙场上，"马作的卢飞快，弓如霹雳弦惊"，可一面对心爱的美女，要么冰冷得就像块木头疙瘩，要么幼稚得好似三岁顽童。

（二）男人要不说，女人就不懂

国外心理学家曾做过相关调查：当问及一位男士谁是他们最好的朋友的时候，男士的回答基本一致，是妻子。可当询问女士谁是她们最好的朋友的时候，大多数女士会选择跟她们经常在一起聊天的人，但这个人偏偏不是自己的男友或丈夫，而是同性好友。（中国女性常常把跟自己在一起聊天的好友称为"闺密"，所谓"闺密"二字非常形象地概括了女性谈话的特质，只能在闺房里说悄悄话，不足为外人道哉，私密性很强）这也在某种程度上反映出了妻子们普遍的不满：丈夫太自以为是了，太冷漠无情了，太不善于跟自己面对面地交流了！

正所谓，男人要不说，女人就不懂，男人越沉默，女人越抓狂！

那么如何打破横在男女面前的这层冰壁呢？

女人的欲求不满核心在于男人的不善沟通。因此，我认为，主动权还是掌握在男人手中。

在两性关系中，自古以来都是男人示爱，女人被爱，男人是猎手，女人是猎物，男人一往无前，女人迎头赶上，男人主动出击，女人积极配合。

很多男人在恋爱阶段还知道发动鲜花攻势，或者借助短信这个手段达到"不可告人"的目的，时不时还靠甜言蜜语这个糖衣炮弹作为"助攻手"。可一旦大功告成，就有着卸甲归田的懒惰，花也不送了，短信也不发了，甜言蜜语甚至有时候衍化成了恶言恶语。长此以往，昔日爱的甜蜜就会变得荡然无存，好不容易搭建起来的爱的小屋也会变得岌岌可危。

在这种情况下，**丈夫要学会放下大男人的臭架子，主动去关心和爱护被冷落的妻子，换句话说，做丈夫的要积极掌握另一种交流语言——尝试和妻子多进行私人性谈话。这就跟一个国家要改革开放，除了要熟练运用本国语言之外，适当学习外语也是必不可少的。**

对于一个习惯于公共性谈话的男人来说，突然进入私人性谈话，就跟一个中文说得头头是道的老学究一下子要掌握一大堆英语单词一样不知所措。万事开头难，其实男人只要温柔体贴，妻子就会感同身受。

要善于倾听。这跟学英语的过程一样，要想练好口语首先要训练听力。丈夫要表达好自己的情感，第一步要仔细聆听妻子的感受。你的倾听，就是妻子快乐的灵丹妙药。前面说到，女人是广场动物，一旦心情不好就会一吐为快，此时她需要一个忠实的听众，你聚精会神地聆听无疑是对她最好的宽慰。

要表示理解。中国目前大多数还是双职工家庭，这在某种程度上预示着妻子除了八小时以内繁重的工作之外，还要承担八小时以外繁重的家务，承担得越多，就意味着压力越大。因此，当忙碌了一天的妻子回到家里，还围着围裙在客厅与厨房来回穿梭的时候，如果遭遇到的是一场来自丈夫的"寒流"，其心情可想而知。但如果体贴的丈夫一进家门，来上一句"你真是辛苦""家和孩子全靠你了"，妻子哪怕累得腰酸背痛，心里也好似有股甜丝丝的暖流经过，这时候，丈夫的理解真好比雪中送炭！

要学会赞美。男人不说，女人不懂。丈夫说什么，妻子才会懂？言不由衷的花言巧语并非改善夫妻关系的良药。"我爱你"这三个字中国男人说不出口就没必要强求，否则整天逼着丈夫说，他尴尬，你也不尽兴。但时不时赞美一下妻子的容貌和品德却是不可缺少的家庭功课！"你越来越有女人味了！""你还是跟我当初认识你时一样漂亮！""你的菜真是做得太好吃了，我怎么也吃不厌！""每次回到家，看到你，我的工作压力都会缓解不少！"这些话，犹如一剂强心针，会给日渐疲惫和衰老的妻子极大的心理补偿，记住，男人适当的赞美是女人最好的化妆品。哪怕一个皱纹渐生的"黄脸婆"也会在丈夫不间断的赞美声中年轻起来！女人不吝啬付出，就担心听不到男人及时的回报。为了心爱的家，为了矢志不渝奉献给你的妻子，男人应该毫不吝惜自己的赞美之词！

要敢于示弱。男人最怕死要面子活受罪，在单位硬撑强者，回家要冒充老大。好像不这样，男子汉的自尊心就会丧失殆尽。很多丈夫在工作中受了委屈，就打落门牙和血吞，即使在妻子面前也硬装好汉。其实这样做有百害而无一利，先不说憋久了会生病，（很多事业有成的男人中年早逝，有一个相当重要的原因就是他们不善于排遣压力，长此以往，工作的重荷变成了身体的重病，最后导致癌变）这根弦老是这么紧绷着，无疑也会把紧张的气氛带回家中，影响夫妻关系，久而久之，不堪重负的弦必然会绷断，还会伤着妻子。与其在沉默中灭亡，不如在沉默中爆发，在妻子面前坦陈自己的伤疤，有何不可？绝大多数妻子都有母性的情怀，她会善解人意，她会无限包容，她不会因你的脆弱瞧不起你，反倒会因你的信任而倍感欣慰。不要忘记，一个好妻子绝对也是一位好听众，也是一名好护士，她既会坐在一旁聚精会神地倾听你的诉说，也会默默无语地为你包扎伤口。

我们常说，**一个好妻子应该是双面夏娃，一面是大女人，一面是小女人。在外是大女人，能顶半边天，回家是小女人，偎在丈夫的怀中。同理，一个好丈夫也应该是大男人和小男人的综合体，在外是大男人，是擎天柱，是冲锋陷阵威风凛凛的"大狼狗"；回家有时候是顶梁柱，有时候也要适当做个温柔小男人，甚至是围在她身边百般呵护百般讨好的"哈巴狗"，**让妻子感受到你的柔情蜜意。此时，你的一声关怀，一句问候，就宛若寒夜里的一团篝火，让她倍感温暖。

第6章 婚外出轨：男人偷性，女人寻情

如果说，婚外情中，男人更多的是在找性，那么女人则是为了寻情，哪怕一开始有性的因素，最后也是性情交融，灵肉合一。所以，大多数男人的外遇只不过是去了趟"度假村"，迟早是要回家的。那么女人的出轨呢，就等于上了一辆远行的列车，基本上是有去无回。一旦离家出走，妻子重返家庭的比例相对要比丈夫低。

一、女人在婚姻中容易走的两个极端

（一）婚姻中的"围城效应"

从小我就是阿加莎·克里斯蒂的忠实粉丝。

出生在英国的阿加莎·克里斯蒂享有"侦探小说女王"的美誉，在她半个多世纪的创作生涯中一共出版了近六十部长篇小说。有意思的是，阿加莎的婚姻生活也跟她的侦探小说一样妙趣横生。

她一生两度结婚，其中第二任丈夫比她小十多岁，是位著名的考古学家，因为发掘古物出名。

她跟丈夫从中东返回英国，有人问她，和一位对古董有浓厚兴趣的男人结婚，感受如何？阿加莎的回答相当幽默："一位考古学家是任何一个女人所能拥有的最好的丈夫。因为她的年纪越大，他对她的兴趣也越浓厚，绝不会喜新厌旧。"

应该庆幸，阿加莎找到了一位"喜旧厌新"的丈夫——因为他是一名考古学家。他们最终白头偕老。

只可惜，在这个世界上，考古学家毕竟数量有限，不是每个女人都有机会遇上，也不是每个男人都会把自己心爱的女人当成古董来研究。有一部分恶俗的男人好像更愿意把女人当成时装来欣赏，虽然美丽，但得常换常新。

记得柏杨说过：在上帝赋予人的特质中，有"日久生厌"和"喜新厌旧"两项元素，这正是人类进化的主要动力，但适应在爱情上，却像一个每隔一段时间就要爆炸一次的原子弹。再貌美若仙的少妇，也许只能保证她的丈夫前十年为她如醉如痴，但也不敢肯定能使她的丈夫十年后同样保持原来的热度。柏杨总结，经济学上有效用递减律，爱情学上同样也有效用递减律。

我看过一个调查，国外某婚恋机构曾咨询五十对结婚十年的夫妇，结果发现，只有不到10%的夫妇还十年如一日地相亲相爱，40%的夫妇坦承他们之间只靠孩子和责任来维系感情，当年天旋地转的爱情魔力早已在岁月的风尘中消失得无影无踪，剩下50%的夫妻则说不清道不明，但他们全都不无遗憾地表示，昔日恋爱阶段的冲动和激情已经逐渐在远离他们的日常生活。美国加利福尼亚大学伯克利分校人口与家庭节育领域的教授马尔科姆·波茨，在他和澳大利亚莫纳什大学生殖生物研究中心主任罗杰·肖特合著的《人类性行为的演化》一书中也认为："男女性欲的强弱是与彼此熟悉的程度成反比的，双方熟悉了解得越广泛、越深入，彼此之间性的吸引力就越减弱。随着时光的流转，熟悉也能改变性欲的特征。爱情也许会终生不渝，但也可能屈从婚外性关系的诱惑。谚语中所谓的七年之痒，讲的就是这个道理。"

这大概就是婚姻中的"围城效应"。

客观来讲，所谓"围城效应"，在夫妻身上都会体现出来，都说男人家花看久了，就开始惦记外面的野花了，女人其实也一样，看到别人的老公挣大钱、疼老婆，也会忍不住羡慕一番。有时候还会偷偷地跟自己的丈夫做个比较：怎么我没嫁给这样优秀的男人？**男人容易"这山望着那山高"，女人也会有"山外青山楼外楼"的想法。但综合比较，男人喜新厌旧的比例好像更高。**没办法，谁叫男人都是视觉动物呢。男人对女人的爱首先来自视觉上的愉悦，其次才是心灵的交流，但花无百日红，再娇艳的鲜花也有渐渐枯萎的一天，再美丽的容颜日日面对也会意兴阑珊。在冯小刚的贺岁片《手机》中，一个叫费墨的男人，面对着数十年如一日躺在床上的太太，竟使用了"审美疲劳"这个美学上的专业用语表达了自己对婚姻的厌倦心理。我认为，视觉上的疲惫是首要因素。

（二）极端一：把自己降格为"老妈子"

时下有一种观点很流行，每个女人都是一本书，都有两个版本：精装本和平装本，前者是在职场、社交场合给别人看的，浓妆艳抹，光彩照人；后者是在家里给最爱的人看的，洗尽铅华，平淡真实。婚姻中的丈夫往往只看到妻子的平装本和别的女人的精装本——于是他喜新厌旧，婚外恋不可避免地发生了。

想想看也还真是，**精装本女人犹如好莱坞大片，善于炒作，包装华丽，且视觉效果惊人；平装本女人更像欧洲艺术片，内涵丰富，意味深长，但缺乏令好色男人耳目一新的视觉效果。男人都是品位不高的电影观众，容易被好莱坞大片诱惑而买票走进影院，仅**

仅把平装本女人当作碟片收藏在家中，有时间就看上一回，没时间就干脆束之高阁。所以精装本女人总是四处招摇惹人眼球，平装本女人呢，却只能隐藏在灯火阑珊处了。

也许有人会说，男人有个平装本老婆是福气，这样的女人多半克勤克俭，富有爱心，善解人意，懂得生活的真谛。她会舍得牺牲自己的休息和享受的时间，为你和家人营造一个舒适温馨的窝，但男人经常像个被惯坏的孩子，身在福中不知福。一方面他希望妻子相夫教子，做个贤妻良母，可妻子真的整天蓬头垢面地忙这忙那，他又动不动就审美疲劳。有句诗说得好，不识庐山真面目，只缘身在此山中。每个女人都既可以是精装本也势必会有平装本的那一面——兴许你屋里的平装本老婆一出门，就有可能成了别的男人眼里的精装本女人，同样你认为是光鲜亮丽的女人，也会有素面朝天的一面。男人却偏偏意识不到这一点。野生动物总是喜欢新鲜的、刺激的东西，在两性的交往中，始终充当探险家的角色，对于未知的女性，抱有强烈的好奇心，即使要冒一定的风险，也乐于挑战。相反，对于早已熟知的女性，则产生不了探险的冲动。前面提到，男人最喜欢"三不女人"，就在于距离产生美感，神秘产生大美。

而夫妻一旦结婚数载，新鲜感和好奇感都会急剧下降，随着生活逐渐安定下来，进入周而复始的循环状态，大多数男人反倒有种失落感和幻灭感，（女人也会有失落感，但起因更多是因为丈夫婚后的体贴度和关心度较之婚前明显下降，与男人不尽相同）婚后生活越是安逸宁静，做妻子的越是安于现状，做丈夫的反倒越是失魂落魄。一个有了外遇的外企经理告诉我，日子一天一天过下去，老婆也一天天老下去,看着昔日诱人的水蛇腰渐渐地向水桶肚发展,他有一种万念俱灰的感觉。

对此,美国性学家金赛指出:心理疲劳是夫妻无法保持单偶性关系的主要原因。日本作家渡边淳一认为,在日常生活中夫妻总是待在一起,是丈夫容易丧失新鲜感产生厌倦感的原因,在《丈夫这东西》这本书里,渡边就提议,只要不对抚育孩子产生影响,夫妻应当尽量外出,去五光十色的场所结交各式各样的人。如果条件允许,夫妻之间应该保持一定的距离,住在相距一段距离的地方,在周末相见,双方各自过自己的生活,想要见面的时候再见面。渡边淳一这里提出的实际上是周末夫妻的概念,另外欧美一些国家的夫妻还出现了同住不同床的"分床夫妻",即除了做爱在一起,其他时间大家各睡各的床,据说也是提高夫妻生活新奇感的秘方之一。在这里,距离真正产生了一丝妙不可言的美感。

也许有些女性读者会不以为然:夫妻住同一屋檐下,睡同一张床,讲求的不就是亲密无间吗?干吗还要保持一定的距离?既然有了距离,还结什么婚?做什么夫妻?这不是自相矛盾吗?

这实际上涉及夫妻在性感受方面的巨大差异。

国外很多性学家调查发现,丈夫和自己心爱的妻子初次做爱时最兴奋,快感也最为强烈,以后则节节下滑,呈下降曲线。相反,女性初次性交时或多或少会伴随着疼痛,感受到的快感极为微弱,但这之后会随着跟丈夫的感情日深而逐步加强,呈上升曲线。我的理解,**男人的性快感属于"激情燃烧"型的,来得快去得也快,需要靠新鲜刺激的东西来调剂,而且性反应区主要集中在性器官周**

围。**女人的性快感则属于"小火慢炖"型,进入得慢,可持续时间长,性反应区弥漫全身,一旦被激发就会野火烧不尽,春风吹又生,这是男女对性不同的生理反应所决定的**。倘若说男人的性只需单纯的性唤起,女人的性则必须包含爱的因素,所以男人倾向于多交,这样他的野生动物的劣根性才会得到极大的满足,女性倾向于专一,因为她爱得越深,对做爱对象的依恋就越浓,她的性快感也就越明显。

所以夫妻结婚以后,我们常常会看到这样截然不同的两种变化:婚前多少"愣头青"变成了婚后的"成熟男",与之相对的是,昔日的不少"美娇娃"却沦为了今日的"黄脸婆"。很显然,妻子的爱是把青蛙逐渐变成王子的过程,因为女人的爱总是不断地加深、在强化;而一个不称职的丈夫的爱却是把天鹅逐渐变成癞蛤蟆的过程,因为男人的爱总是在不断地流失、在递减。

我认为,**在婚姻中,女人最忌讳的一点就是对家庭无条件地付出,对丈夫无条件地忍让,男人本质上都很贱,你越付出他越得意,你越忍让他越嚣张,你越是低三下四他越是趾高气扬,你越是全心奉献他越是索求无度。做人要有分寸,爱一个人也要有个起码的底线。否则,母性泛滥的后果,等于不知不觉中把自己降格成了一个"老妈子",在丈夫的眼中,你最后连平装本都不是,成了简装本,甚至是一本翻看了无数遍早已残缺不全的散装本!**

不错,男人在择偶方面都有俯视心理,喜欢女人臣服于自己的脚下,这样才能满足他的虚荣心和征服欲。但这个俯视的角度不能过大,最好在四十五度角以内,一旦超过,男人看你就不像皇帝看妃嫔，倒像老爷看下人了。他就会满不在乎，甚至得意忘形飞扬跋扈。再者，好色是男人的天性，他怎么会对一个"老妈子"产生性冲动？除非，住在同一屋檐下的"帅小伙"也被无情的岁月逼成了"老大爷"。但多数情况下，是他由"青蛙"蜕变成了王子，你却由"白天鹅"沦落为"黄脸婆"。等他有钱有地位了，像换掉一件旧衣服一样换掉了你。

一位被成功人士抛弃的糟糠妻跟我说过，她老公发达前，她是老婆兼秘书，里里外外吃喝拉撒都大包大揽，她老公发达后，就变成由秘书来兼老婆了。无私奉献的结果，往往得不偿失，人财两空。这无疑给那些一味娇纵丈夫的贤妻们敲响了警钟：既要修饰家庭也要修饰自身，既要爱他疼他也要自尊自重，既要依赖丈夫也要保持一定的经济独立，在丈夫面前偶尔还要展示你精装版的另一面，让他惊艳让他诧异，别老是无条件地伺候他，什么时候也让他伺候一下你，不要让他看透你，更不要让他小瞧你。

（三）极端二：把自己升格成"女警察""女法官"

我这人不太相信因果报应，但做了无数的情感节目，我相信一点，某些婚外恋的苦果，其实早在枯燥乏味的婚姻生活中就已种下。这里，涉及另外一个问题，就是夫妻对于婚姻完全不同的心理感受。

婚姻，对女人来说，是把幸福交到自己心爱的男人手中，对男人来说，是把自由交到自己心爱的女人手中。所以，**女人总是把**

婚姻看作一个装满金银珠宝、装满幸福的保险箱，一旦进去了就会自动上锁。这是女性筑巢动物的本能所决定的。男人却一边结婚生子，一边又把目光转向外面的花花世界。男人都是这样，哪怕结婚了也不喜欢受约束，野生动物的基因不时地在提醒他们：不要为了家庭而放弃自由，男子汉应该心怀天下，广阔天地大有作为。在这种心理因素的驱使下，男人总是把婚姻看成牢笼，甚至当成监狱，待久了就会烦闷，就想放风。这时候太太应该变成动物园里的驯兽师，不要老是圈住他，适当地把他放出来，让他呼吸新鲜的空气，否则管得太严，男人就会患上"幽闭恐惧症"，就想挣脱锁链，甚至逃跑、"越狱"，到时候局面就会变得一发而不可收。

有意思的是，并非所有聪明的女人都知道当驯兽师的好处，她们不辞辛苦，反倒更愿意做个女警察、女法官，亲自办案审案：丈夫在外面就实施"紧逼盯人"战术，丈夫一回家就没完没了地盘问，把丈夫看成犯罪嫌疑人。如今似乎流行"野蛮女友""野蛮老婆"，女人有时候喜欢用野蛮来表现个性，但多数男人不喜欢野蛮的女人，除非她有全智贤的美貌。

我认识一个优秀男人，人长得帅不说，学历也高，工作也好，三十出头已是政府部门的处级干部，一直以来和妻子都挺如胶似漆的，谁知结婚不到两年就有"外遇"了。丈夫对此的解释是，每天在外面公干，妻子都会无一例外打来电话，头一句是问"在哪里"，第二句就问"在干什么"，第三句则是"跟谁在一起"。两年来，这"三部曲"不厌其烦、无时无刻不在他耳边响起，终于有一天他忍不住火山爆发了：我是一个公务员，又不是嫌疑犯，你是我老婆，又不是警察，干吗老要随时随地报告行踪？面对这份快要窒息的爱，丈夫只好选择暂时逃离，他说他要出去呼吸新鲜空气，否则就要憋屈而死。后来他跟我说，他在婚姻中迷失了自我，却在外遇中找回了自我。

我有一个做律师的朋友跟我开过一句玩笑，家庭和法庭有时候简直如出一辙：太太都是法官、法警兼陪审团，当丈夫的运气好是辩护律师，运气不好就是被告。

其实，丈夫偶尔当当被告也无所谓，因为家是女人的金銮殿，是女人的主心骨。但天天被审，时时被查，恐怕就要提出上诉了，倘若总被驳回，大闹公堂似乎不可避免了，否则屈打成招，假的变成真的，这座由彼此之间的感情和信任搭建起来的婚姻殿堂难免岌岌可危。我认为，女人在婚姻中，应当避免走向两个极端：要么一味付出，把自己降格为对男人百依百顺的"老妈子"；要么就一味盯梢，又把自己升格成为对男人居高临下的"女警察""女法官"。两种极端的结果经常是两败俱伤，没留住身边的丈夫，反倒留下了一颗破碎的心。

我一直在想，阿加莎·克里斯蒂的第二次婚姻为何如此圆满？仅仅是因为丈夫把她当作古董来研究吗？显然，这只是问题的表象，一段坚如磐石的婚姻堡垒，固然离不开丈夫的道德约束力和家庭责任感作为地基，同样也需要妻子自尊自强和豁达宽容，后者好似一面围墙，遮风挡雨牢不可破。

二、已婚男性属于典型的"外遇高发人群"

（一）婚外恋和婚姻是一对"两生花"

关于婚姻，18世纪德国著名哲学家康德曾经下过一句非常幽默的定义——婚姻，就是男女性器官之间的一个契约。

那么婚外恋呢，我的理解，不就是其中一方的性器官首先违约了？

在人类的婚姻史上，婚外恋和婚姻仿佛一对"两生花"，有婚姻存在就会有出轨存在，二者相互排斥也相互依存，就像有白天就会有黑夜，有厨房就会有厕所，有警察就会有小偷。伟大的无产阶级革命导师恩格斯早在《家庭、私有制和国家的起源》一书中就曾尖锐地指出："一夫一妻制从它产生的那天起就是以通奸和卖淫为补充的。"

据说一位16世纪的法国作家说过一句玩笑话：如果世界上所有出轨的妻子和所有风流的丈夫手牵手环绕起来，至少可以绕地球一周。16世纪尚且如此，到了21世纪的今天，至少可以绕宇宙一圈了吧？

无可否认，婚外恋已经成为我们这个时代滚滚红尘中最具影响力的沙尘暴，正肆无忌惮地漫天飞舞着，无孔不入地占据了我们情感的空间和婚姻的角落。有人做过一个统计，"婚外恋"这个词，以及由它衍生出来的相关词组，如"外遇""出轨"——已经和"离婚""跳槽""买房""炒股"一样，成了如今的都市白领各种聚会饭局上出现频率最高的词汇。

那么，究竟什么是婚外恋呢？如何给它下一个准确的定义？

婚外恋是指有婚姻关系的其中一人，与配偶以外的人发生超友谊的关系，也称婚外情、婚外性行为、婚外性关系、婚外性交合、出轨、外遇、不忠、背叛——英文称为affair，是源自拉丁文的adulterium，有损坏名誉之意。婚外恋的定义依不同研究领域有些许不同，在社会学辞典中，婚外恋即有发生性交，属于婚外性行为之一种；若仅有"思想或行为上的不贞"而无实际的性接触，可称之为精神外遇。法律上，性关系被视为是婚外恋的必要因素，此性关系是指已婚者与非配偶发生自愿性的性行为。

只要是夫妻，一旦气候适宜环境允许，都有婚外恋的可能，不过，从各方面的调查来看，做妻子的守身如玉的多，主动出轨的只是少数，做丈夫的在男女问题上则普遍缺少自律，犯错误的概率显然要大。调查人群主要针对美国的《海蒂性学报告》显示：72%的已婚男人有婚外性行为。《金赛性学报告》也坦承，所有已婚男性的一半，都在一生中的某个时候有过婚外性交合（那是因为《金赛性学报告》诞生在半个多世纪前，那个时候社会风气相对保守，很多已婚男性即使有婚外恋，也羞于承认）。日本情爱作家渡边淳一在他所著的《丈夫这东西》一书中也坦承：已婚男女外遇比例是5：1，而且男女婚外恋的缘由、动机及过程、结果都不一样。

（二）男人外遇多，跟男人是性爱动物有关

先说说男人的外遇。

男人外遇的比率为何如此之高呢？美国两位资深的媒体编辑黛安·芭柔妮和贝蒂·凯丽，在她俩合著的《把你爱的男人找回来》一书中从十个方面分析了男人感情出轨的原因，包括：想证明自己魅力依旧、给性爱增加一份激情、一时心血来潮、只想摆脱枯燥的生活、逃避压力、对亲密关系的恐慌、对人生失去热情、怀疑妻子不忠之后存心报复、缺乏妻子的关心、天生多情。

总结归纳起来，就是男人的外遇偶然因素多，性的含量高。

的确，**跟女性相比，已婚男性属于典型的"外遇高发人群"，具有发病快、病程短、病源不固定却病情反复发作、难以彻底根除等特点**。正如《金赛性学报告》所分析的那样："对各阶层的大多数男性来说，婚外性交合总是偷偷摸摸地进行，与这个女人有一两次，再与另一个有几次，几个月到一两年不再有，然后又在一周或一个月内连来多次甚至每夜都有，再往后就是突然中断。"具体来说，就是**男人外遇大都属于一时"性"起，"性"之所致，追求一时的"性福"，只图一晌贪欢，不求天长地久，有点像打一枪换一个地儿的"游击队"**。当然，中国男人搞婚外恋，还有一种情形也很普遍——**某些手中握有权势和财富的所谓成功人士喜欢在外"金**

屋藏娇",就是我们俗称的"包二奶",有点像"游击队"打下了一块"根据地"。此乃"一夫多妻"这种封建流毒的借尸还魂,关于这个问题,下文还会谈到。

"游击队"也好,"根据地"也罢,男人婚外性行为之所以如此泛滥,跟男人是彻头彻尾的性爱动物有关。我曾在第三章仔细分析过,男人大都患有"性爱分裂症",男人的上半身和下半身常常是分裂的,男人的上半身行动常常不由自主地被下半身指挥。所以,男人追求女人,是以性为轴心向四周发散,有性才有爱,无爱但照样可以有性。如果爱,也追求刹那的激情、短暂的光辉,来如风去如电,男人的性释放热烈而短暂,激情的维系也不会长久,为了唤起激情,有时候需要不断更换感官刺激对象。

所以,**男人爱一个女人,常常是性和爱捆绑在一起,是一对难兄难弟,爱是幌子,性是实质,爱是外表,性是核心。性一旦获得满足,爱也就烟消云散了,然后男性特有的征服欲又驱使他调转枪口,瞄准了下一个性爱目标。这也是男人极易被外表娇媚、身材性感的女人吸引,又极易厌倦的原因**,关于男人这种"有性无爱"的花花公子本性,女人一定要小心,除非你也是逢场作戏,否则一定要提前打好"预防针"。

(三)男女对待婚姻的态度不一样是婚外恋产生的一个根源

我在序言中分析过,男人作为野生动物,既有动物属性,也有社会属性,男人的动物属性其中之一是性爱动物,他的社会属性则是要建功立业，要结婚生子，要赡养妻儿，要传宗接代。男人在外生存打拼，必须融入主流社会，接受法律的约束，道德的监督，哪怕是野生动物也要安个窝，婚姻就是一个男人获得社会主流价值观认可的重要坐标。男人结婚和女人结婚，形式一样，但内涵和本质却大不相同，结婚对男人来说，只是他人生的一个阶段而已，是他选择的一种生活方式。他可以结婚，也可以不结婚，事业才是男人最重要的擎天柱，男人可以缺了婚姻，但不能没了事业。男人永远把追逐事业当成人生的最高目标，婚姻只是事业的附属品、大后方。

不要责怪男人的冷酷无情，早在野兽出没、环境恶劣的原始社会，上苍就义不容辞地把猎手的职责交给了他，只有学会野外生存、猎取食物，他才无愧于男子汉的美誉，他才有资格成家立业。所以自古以来，对男人的要求都是先立业后成家，金榜题名后，才洞房花烛夜。倘若一个男人尚未解决好温饱问题，他是不敢贸然去谈娶妻生子这个问题的。除非这个男人胸无大志，或者想把婚姻当成事业的跳板，或者靠"老婆本"起家，他才会心安理得地先成家后立业。

打个比方，如果把男人的事业和婚姻看作是大学里的主修课程，事业是男人的必修课，婚姻则是选修课。对女人来说，正好倒过来，婚姻是主修课，事业是选修课，甚至有些年轻的女孩子坦言，她毕业后去找工作，是为了将来结婚以后更好地相夫教子，干得好也是为了嫁得好。这是不是一种腐朽的男权思想不好说，但在中国这样一个传统的男强女弱的社会，婚姻相当于女人的第二次生命,仿佛一种被注定的命运,一旦嫁不好,女人的后半生好似漫漫长夜,一片漆黑。美国著名性学家金赛经过反复调查,在他所撰写的《金赛性学报告》中也得出如下结论:"一般女人结婚都是为了建立一个家庭,与单一配偶建立长期的情感关系,生养孩子,这可以成为她一生的首要事业。"(当然,也有坚定的不婚主义者,那是极少数)

所谓冤有头债有主,男女对待婚姻这种不尽相同的心态似乎也为后来的婚外出轨埋下了祸根。

讲个故事。

古希腊有个哲学家名叫柏拉图,有一天他问老师苏格拉底(也是一位满腹经纶的大学者):究竟什么是爱情?苏格拉底没有马上回答这个问题,而是叫他到附近的麦田里走一趟。要求他不许回头,只能向前走,在途中要摘一株最大最好的麦穗,但只能摘一次。

柏拉图心想这还不容易,于是他充满信心地出去了。

谁知过了半天还没回来,最终空手而归。

老师问他缘由,柏拉图有点垂头丧气:"难得看见一株不错的,却不知道是不是最好的,因为只可以摘一株,只好放弃,再往前走看看有没有更好的。到发现已经走到尽头时,才发觉手上一株麦穗也没有。"

苏格拉底微微一笑,他告诉柏拉图:"这就是爱情!"

又有一天,柏拉图去问苏格拉底什么是婚姻,苏格拉底又叫他到杉树林走一次,要不回头地走,在途中取一棵最好、最适合用来当圣诞树的杉树,但只可以取一次。

柏拉图有了上回的教训,这次他不敢大意。

半天之后,他一身疲惫地拖了一棵看起来直挺、翠绿,却有点稀疏的杉树。

苏格拉底问他:"这就是最好的杉树吗?"

柏拉图回答老师:"因为只可以取一棵,好不容易看见一棵看似不错的,又发觉时间、体力已经快不够用了,也不管是不是最好的,所以就拿回来了。"

苏格拉底又笑了,他告诉柏拉图:"这就是婚姻!"

这个小故事流传很广,千百年来一直被后人当作是苏格拉底的爱情和婚姻观来研究。我个人倒觉得这两个小故事不仅仅是古希腊哲学家眼中的爱情和婚姻,也代表了绝大多数男人对爱情和婚姻不同的理解。爱情永远是那株摘不到的麦穗,可望而不可即,可想念但不可拥有,而婚姻却像那株直挺翠绿但也有点稀疏的杉树,不求最好,但求合适,不求完美,只求凑合。所以男人总是把爱情和婚姻看作两码事,爱就疯狂爱一次,只想曾经拥有,哪管天长地久,结婚则另当别论,能跟最爱的人白头偕老当然理想,倘若有缘无分,也安之若素。

女人的想法恰恰截然相反。

跟男人通常把恋爱和婚姻当作异母兄弟不同,女人总是把爱情和婚姻看成孪生姐妹。在女人看来,爱情是因,结婚是果。爱情是过程,结婚是目标,如果把爱情和婚姻比喻成一出戏,只不过前者是序幕是开端,后者是高潮是结局而已。婚姻就是跟一生一世相爱

的人生活在一起，绝大多数女人都不愿意跟一个自己根本不爱的男人同住一个屋檐下（只想嫁有钱人的"拜金女"除外）。当然，也不排除有的女人为了结婚而结婚，那是在感情受挫以后，一旦风乍起，还是会吹皱一池春水的，关于这个问题本章第四节还会细谈。

女性作为筑巢动物，又是感情动物，一生唯情最重，结婚对她们意味着构筑爱巢，意味着和最爱的那个男人白头到老。倘若缘分未到，女性，尤其是受过高等教育的职业女性（俗称"白骨精"）大都宁缺毋滥。这些年，北京、上海、广州等一些大城市"剩女愁嫁"之所以成为突出的社会问题，并不是她们找不着男人结婚，而是找不着她们所爱的男人结婚，缺了爱情的婚姻她们宁愿说 NO。

可男人不一定这么想，只要具备结婚的条件，即使不经过热恋阶段，男人也会顺理成章地组织家庭。在大多数男人看来，婚姻就是一日三餐，就是洗衣做饭，就是传宗接代，爱情不爱情并不重要。在婚姻中，男人更看重责任感和现实的因素，而女性更看重彼此之间的浓情蜜意和相知相守，即便是相亲结婚，也有很多女人宣称：相亲只不过是个契机，双方最终还是要跨过恋爱这道门槛才能无怨无悔地步入婚姻的殿堂。

双方这种南辕北辙的婚恋心理，一旦带入到婚姻中，就是女人一直在不断地找寻爱情，升华爱情，而男人呢，却像个人格分裂者，非常理智地就把爱情和婚姻分成了两半（当然，也不可否认，婚姻中也有不少从始至终对妻子一心一意的模范丈夫）。**男人在婚姻中看淡爱情并不代表男人不需要爱情，男人大都贼得很，他们深知生活需要平淡，爱情需要灿烂，婚姻中缺少的爱情的元素可以到**

婚外恋中去补。所以男人在找了个贤淑、温柔、体贴的妻子之后，又开始幻想起性感、妩媚、妖娆的情人来了。张爱玲所说的男人都有"红玫瑰""白玫瑰"情结就是这么来的。

（四）男人一生都在为"面子"两个字而活

有一次我参加一个经济论坛研讨会，一位脑满肠肥浑身冒油的中年企业家竟在会上大放厥词：情人是对老婆最好的补充，犹如私营经济是对国营经济最好的补充一样，二者相辅相成，相得益彰。结果当场挨了一顿臭骂。没多久，听说他被"双规"了，有人开玩笑说此君整天补充"私营经济"，家里那位"国有经济"担心被边缘化，于是大义灭亲，利用经济问题把他和他的"私营经济"一起给举报了。

男人就是这样，明知山有虎还偏向虎山行，最后无一例外葬身虎口之下。因为中国男人，大都好面子，讲排场，正所谓头可断血可流，皮鞋不能不擦油。没房产没土地，出门不能不带小蜜。自古以来，中国世俗男人最高的理想不就是置良宅，养美妾吗？男人多多少少是面子的奴隶，为了成就感而闹得后院起火的男人，很多，也很可笑。

都说女人虚荣，其实男人比女人更虚荣，女人虚荣在表面，男人虚荣在心里。男人是种相当虚荣而且虚伪的动物，一生都在为"面子"两个字而活。为了面子，男人必须征服世界；为了面子，男人必须征服女人，且越多越好。在中国古代，成功男人三妻四妾的歪理邪说深入人心,那时候男人喜欢让几个女人在自己家里吃大锅饭,中国现代男人做不到这点,只好让几个女人分住不同地方加入自己的"股份公司",但变来变去总是万变不离其宗:韩信点兵多多益善。

在这里,我不是为已婚男人的外遇寻找借口,也不是认为男人搞婚外恋合情合理,而是站在男人的角度,找出他们犯错误的思想根源,和他们的妻子一道,惩前毖后治病救人,而不是简单的一棍子打死,或像包青天那样动不动就为民申冤来个"铡美案"。换句话说,现实生活中,那么多陈世美,就凭包大人一人的能耐,他铡得过来吗?

三、男人的外遇只不过是去了趟"度假村"

（一）男人的婚外恋其实就是"婚外性"

有段时间，我曾经在某大型门户网站主持一个情感节目，涉及的话题多半是婚外出轨，其中又以丈夫有外遇的居多。有一次在节目中，一个背叛妻子的已婚男人大言不惭，他说："配偶及婚姻乃是日常生活，而各色情人和婚外出轨是节假日、黄金周，天天柴米油盐下班回家难免身心疲惫，谁都得过节，偶尔出去度个假，又有何妨？"

那天，他的这番言论引起了很多女性网友的愤怒，纷纷打电话进来斥责他无耻、荒谬。

其实我倒认为，**男人的婚外出轨更像美帝国主义对广大第三世界国家发动的侵略战争。所谓男人都好面子讲排场只不过是个外交辞令，真正的目的在于找些性的刺激，给枯燥乏味的婚姻生活添点作料。**我想起列宁当年说过的一句话，帝国主义国家一旦闹起了经济危机，就要靠对外发动侵略战争来缓解国内的阶级矛盾，有时候未必动真格的，只不过炫耀一下武力，攫取点矿产资源，揩点小油占点便宜。男人搞婚外恋，无非也就那点花花肠子。

本章第一节提到，男人的性感受是属于激情燃烧型的，像一阵闪电一样来得快去得也快，需要不断更换性爱对象来追求感官刺激，当家花看久了，男人就想闻闻野花的香味，男人多半这样，天生狼性十足，一旦闻到野味，多半蠢蠢欲动。这是男人性爱动物的特质，也是男人野生动物的本性所决定的。**有些男人的外遇未必就是什么爱啊恨的，跟憋了一泡尿，憋得慌就要找个地方撒，拈花惹草就是临时找个尿盆，尿完了就拉倒了，跟爱啊恨啊没有什么关系。**

在《海蒂性学报告》中，绝大多数婚外出轨的"野生动物"们坦承："外遇就是为了体验性的快乐！""婚外恋是拥有性关系的最佳方式。""喜欢偶然的性关系，会增加人生的趣味。""跟老婆做爱做久了，换换胃口也无妨。"渡边淳一所著的《丈夫这东西》也有关于日本男人为什么去搞婚外恋的民意调查，结果显示：60%的丈夫外遇是由于性的因素，在众多理由中高居榜首。因此我觉得，**男人所谓婚外恋，说穿了就是婚外偷腥，婚外偷性，叫"婚外性"似乎更恰如其分。**

不过，男人搞"婚外性"，也得具体问题具体分析。有天亮以后说分手的，也有天没亮就分手的，当然更多的是天亮以后不分手。如果仅是前两种情况，说明这个男人追求的仅仅是一夜风流的快感，乃纯粹的肉体寻欢，只要别得性病，还亡羊补牢为时未晚。这个世上哪有不偷腥的猫啊？《红楼梦》里贾母还说呢，"男人打小都是这么过来的"。在这里，我不是要为男人的一夕偷欢蓄意辩解，而是希望做妻子的审时度势：仅仅因为丈夫的一次小偷小摸的行为，就立即宣判他的死刑，并且马上执行，值不值得？组成一个家庭千辛万苦，毁掉一个家庭却易如反掌。

倘若丈夫单位天天加班，手机回家就关，短信看完就删，内裤经常反穿，那就拉响警报了，搞不好，一时的偷腥发展成长期的偷情，露水鸳鸯摇身一变为二奶情人，那就意味着生米煮成熟饭，卧榻之旁已有他人安睡了，一旦形成"农村包围城市"的不利局面，夫妻之间长期建立起来的战略性合作伙伴关系说不定就岌岌可危了。

（二）婚姻和家庭是男人必不可少的主食

接下来一个问题，丈夫有了外遇，该怎么办？是大吵大嚷，大哭大闹？还是一刀两断，划清界限？抑或和第三者拼个你死我活，玉石俱焚？

我以为，这三种方式都不足取。

很多社会调查显示，已婚男人外遇的数量虽然多，但在外面兜了一个圈，最后又回到原来妻子身边的也多，所谓终点又回到起点，后来才发觉。即使离家出走和外面的女性同居，重返家庭的比例仍然很高。婚姻和家庭，对于大多数男人来说，代表着一种永恒的责任：养家糊口、生儿育女，而非永恒的爱情，据说在日本，中年男子常爱把一句半开玩笑的口头禅挂在嘴边："不把工作和做爱带回家。"所以，日本男人一般下了班都不直接回家，要么在单位加班，要么喝够了玩够了才乘兴而归。**家庭是男人的后院，是男人生活和休憩的场所，过节也好，度假也好，总有结束的一天。日子**

总得过下去，谁会为了短暂的度假而毁了日常的生活呢？男人在这方面的确很现实，也很无耻！婚外恋再多姿多彩，也只是一道茶余饭后的甜点，开胃菜，婚姻和家庭才是每天必不可少的主食，可能吃多了有点索然无味，但缺了它，男人就会缺钙，就会营养不良，甚至病入膏肓！

我记得有一次主持网络情感节目，一个爱上不回家的男人的女嘉宾在我面前痛不欲生：既然有外遇的丈夫这么喜新厌旧朝秦暮楚，那何不及早抽身成全他们？我安慰她，男人喜欢外面的情人如同喜欢窗外的一轮明月，遥远而神秘，一旦这轮明月变成墙上的一幅油画，门上的一块剪纸，就会因日日面对而变得索然无味。

上文提到柏拉图和老师苏格拉底关于什么是爱情和婚姻的一番对话。其实，柏拉图也问过老师什么是外遇？苏格拉底还是叫他到树林走一次，可以来回走，在途中要取一朵最好看的花，柏拉图又充满信心地出去了。两个小时之后，他精神抖擞地带回了一朵颜色艳丽但稍稍蔫掉的花，苏格拉底问他："这就是最好的花吗？"柏拉图回答老师："我找了两小时，发觉这是最盛开最美丽的花，但我采下带回来的路上，它就逐渐枯萎下来。"这时，苏格拉底告诉他："那就是外遇！"

男人深知，再美丽的鲜花时间久了也会枯萎，再刺激的游戏玩久了也会生厌，情人一旦转化成老婆一样会出现"围城效应"，这也是多数已婚男人光出轨不脱轨，只外遇不离婚的原因所在。老婆虽是鸡肋，但属于家常便饭，还吃得起，熊掌倒是美味，顿顿吃谁也受不了，就像私营经济再多，也无法取代国有经济的地位，毕

竟这是中国，还是社会主义公有制占主体。男人再花心，也不会忘本，一个忘本的男人就跟一个不守信用不讲义气的小人一样在社会上寸步难行。

大多数已婚男性，尤其越是功成名就的成熟男性，越不会抛弃妻子而与其他女人结婚。归根结底，家庭是男人多年来休养生息抚平创伤的场所，在社会上生存的男性，无论他的权势多么显赫都免不了挫折和失败。于是，男人就产生了想家的冲动。在妻子身上，丈夫能得到母亲般的抚慰和亲人般的呵护，而这往往是年轻的情人所无法提供的。

而对于这群被主流社会舆论视为第三者的女人来说，现在有个很时髦的词儿叫"小三儿"，爱上已婚男人的原因尽管多种多样，但谁都不愿意无休止地玩这种缺乏道德和法律双重保障的"性爱游戏"。她们陷入婚外情，一开始也许仅仅出于好奇，出于怜悯，出于仰慕，但终极的目标也是婚姻，谁不想找一个对自己负责的长期依靠？我在上一章提过，女人的爱情实际上就是给自己的后半生找个家，这是筑巢动物的本性。当然，在婚外恋中，也不乏仅仅是因为贪图钱财而和已婚男人纠缠不清的"拜金女"，不过，男人都是"老狐狸"，他可以花钱买女人，却不愿花钱找罪受。由此可见，已婚男人和他的婚外情人打一开始就"同床异梦"，分道扬镳也是迟早的事。

大多数男人都有"红玫瑰和白玫瑰情结"，一个曾经疯狂出轨最终又回归家庭的已婚男人坦言：如果把情人比喻成红玫瑰，老婆就是康乃馨。红玫瑰虽然热烈奔放，康乃馨也不失温馨淡雅。所以男人大都喜新不厌旧，有了第三者，还难舍糟糠妻，一旦离婚，搞不好康乃馨凋谢了，红玫瑰也枯萎了，赔了夫人又折兵，竹篮打水外加鸡飞蛋打。据说在国外流行一种说法：中产男人最奢侈的行为是什么？不是换车、换房，不是多生个孩子，不是让全家人移民国外，而是离婚！不是每个男人都有德国总理施罗德大无畏的离婚精神，据说，这老哥已经离婚三次，他有句名言："婚姻是门艺术，没有什么能够阻挡我追求艺术的脚步。"可在多数有贼心没贼胆的男人看来，追求美女还说得过去，追求艺术恐怕没那精力。

在男人看来，离婚是一生中最昂贵的情感支出，远远大于他在外面寻花问柳的开销。假使外遇一回，男人就离一次婚，被妻子分去一半的财产，那么这个世界至少有相当一部分的成功男人都会倾家荡产。请记住，不到万不得已，男人不会主动净身出户。

（三）男人的出轨更像一次暗度陈仓的偷袭行动

这里还涉及一个关乎男人的面子的问题。

如果一个已婚男人，尤其是有一定社会地位的成功人士，跟同一单位的女秘书、女下属、女文员产生婚外情，男人再神魂颠倒鬼迷心窍，也会谨慎地处理好工作与爱情，婚外恋与婚内情之间的关系。实际上，与单身女性交往的中年男性，虽然多数也重视恋情，但是，他们更为看重在公司和家庭内的地位和名誉。如果恋情一旦对他们的地位和名誉构成威胁，他们宁可放弃。换言之，中年男性的本意是：在不危及自我社会地位和家庭关系的前提下与女性交往,而女人则常常忘却在公司内的上下级关系,她们会深深地坠入情网,无法自拔。有时候甚至为了确认这份感情是否长久,会情不自禁做出一些过激的举动:比如在公司内部刻意张扬两人的特殊关系,甚至给他的原配夫人打电话,私下见面彻底摊牌,等等。

可男人搞婚外恋却像搞地下工作,不,确切来说更像个小偷,偷偷摸摸,鬼鬼祟祟,慌慌张张,战战兢兢,不敢大方地爱,只会小心地偷,一方面色胆包天,另一方面又胆小如鼠。**男人的出轨,更像是一次暗度陈仓的偷袭行动。如果说婚姻如同经营生意,外遇即是做假账。假账最怕露馅,所以男人在婚外恋中好像经济犯罪一样,最怕捉贼捉赃。一旦公之于众,男人就会颜面尽失,威风扫地。**

男人既是一种把责任和爱情一分为二的理性动物,也是一种面子高于一切的虚伪动物。他可以失去爱情,但不能失去面子,他可以背叛感情,但不敢背信弃义。男人花心只会被爱他的女人唾弃,男人一旦背信弃义就会被整个男权社会所抛弃,男人最怕他用大半辈子心血建立起来的社会地位被连根拔起。离开了事业,丢掉了名誉,失去了家庭(其实也等于间接的经济危机),男人就会成为无源之水,无本之木。在痴心一片的女人眼中,男人这种只图虚名只重利益的冷酷嘴脸的确可怕。

(四)男人一般不会把"度假村"当成"商品房"买下

由此可见,**多数已婚男人仅仅是把外遇当作一次"情感度假"**,

再说得难听点,就等于去了一趟"度假村",只是出去放松放松,呼吸一下新鲜的空气。谁会一年到头总在度假?假期只是非常态,日常生活即便枯燥也是常态,男人再看重婚外恋,也不会把"度假村"当成"商品房"直接过户到自己的名下。(如果因为男人的外遇导致离婚,无非两种情况:一是妻子执意要求离婚;二是两人的婚姻早就千疮百孔难以挽回,外遇只不过是个导火索而已)

出来混,迟早是要还的。这句《无间道》里的经典台词,不仅适用于在道上打拼的兄弟,也适用于婚外出轨的男人。

既然大多数男人还是要回家的,真正聪明的太太应该把丈夫的外遇当成一次外出,一个不思进取的坏孩子的一次离家出走。任由他去吧,反正倦鸟都要归巢,游子都要回家,大多数有外遇的男人都是"海归派",下了海还是会回来的。那做妻子的如果还依然在乎这个迷途知返的丈夫,为什么不能选择做"海待"呢?如果你甘心做个"海待",说不定就能把远行的丈夫等回来(等回来以后再慢慢收拾他不迟,具体怎样秋后算账,请看本章最后五节"丈夫出轨之后,妻子该如何自救")。

当然,如果你觉得丈夫的不忠是对你自尊的公然挑衅,是对你们曾经美好爱情的无耻背叛,或者他屡教不改一错再错,他外出的那天,你也可以顺理成章地从此把他扫地出门,叫他彻底滚蛋。就当放爱一条生路也好,成全那对狗男女也罢,总之,只要问心无愧,了无牵挂,无怨无悔就好。

(五)男人外面招惹的"野花"绝对跟"家花"不是一个路数

大概是一两年前吧,我认识的某知名女编剧在微博怒斥小三的消息在网上闹得沸沸扬扬,有人同情她,也有人说她是刻意炒作。我很理解她的难处,如今,但凡一个人到中年的已婚女性,特别是嫁给成功男士的另一半,都会面临外面的小三突然之间就"登门入室"的严重侵扰。难怪,一时之间,"防火防盗防小三"的喊打之声不绝于耳。

这些年,我经常以情感作家的身份去录制各种电视情感节目,当然,我的信箱里也会时不时收到不少女读者的邮件,多数都是正室咨询如何打响婚姻保卫战的问题。其中有两大困扰一直让她们百思不得其解:一是为什么那个可恶的小三除了比我年轻,其他条件都不如我,他还喜欢得要命?二是为什么他当初信誓旦旦娶我的时候就说喜欢我这一款,可出轨之后却挑了一个跟我完全不同的?

作为一名研究两性心理和情感的作家,我的回答是这样的,男人选择老婆和情人的标准完全不同:对老婆,他的要求是勤恳持家、相夫教子、伺候公婆,总之要善良、贤惠、体贴、温柔,一句话总结,就是要"厚德载物",至于长相嘛,过得去就行,在男人心中,老婆就是日用品,结实耐用最重要;对情人,男人的要求则是美艳、风骚、性感、妩媚,最好像杭州丝绸一样轻薄柔软,像巴黎香水一样媚惑人心,一句话总结,就是要"红袖添香"。至于是否贤惠,根本不予考虑,因为男人就想跟情人之间玩一场与婚姻和家庭完全无关的感情游戏，在男人心中，情人就是展览品，要风光无限。

所以，男人在外头喜欢的野花，绝对跟家花不是一个路数。这就是张爱玲所说的男人都有"红玫瑰和白玫瑰"情结：一旦男人对原配妻子日久生厌，就会按照与老婆完全不同的标准去找情人，这就跟一个人整天在家里吃山珍海味，他出门在外必会对清粥小菜产生兴趣是一个道理。

如果老婆属于河东狮吼型的，他在家天天跪搓衣板，他绝对会找个"小鸟依人"的，好凸显他的男儿本色；如果老婆贤淑大方，他就找个刁钻任性的；如果老婆像王熙凤一样能干，他就找个林黛玉那样柔弱的；如果老婆是个淑女，他就找个糙女；如果老婆有钱，他就找个没钱的。总之，男人在外遇的时候，一定在审美情趣上跟老婆"唱反调"。一句话，他要在小三身上实现他在老婆那里体验不到的"另类人生"！

面对老公的可耻背叛，面对小三的疯狂进攻，该怎么办？如今很多情感图书、电视节目都在喋喋不休地教原配如何抵御小三。我的观点：外因始终通过内因来起作用，苍蝇不叮无缝的蛋。如果夫妻感情固若金汤，别说一个小三，两个小四，三个小五也无济于事。除了聪明的老婆要做"三不女人"之外，还要提倡老婆"小三化"，通俗地讲，就是把小三的招数学到自己身上。过去不都说小三很坏，都是"狐狸精"，都是坏女人吗？其实按照心理学标准，没有绝对的好人坏人，每一个人都有好的基因，也有坏的种子。每个男人都是绅士和流氓的混合体，每个女人既是好女人，也是"狐狸精"。坏女人一旦扶了正,也会变成好女人。贤妻良母被恶夫逼急了,也会沦为"红颜祸水"。与其让外面的坏女人把自己的老公带坏,不如自己先"变坏"把老公牢牢抓住。担心外面的"狐狸精"勾引老公,不如把自己变成"狐狸精"。如果一个女人同时具备老婆和小三两种特质,不就跟令狐冲同时学会了正派和"邪教"两种功夫一样,那还不天下无敌所向披靡吗?

所以,贤妻良母们,要想斗败小三,先要武装自己。要想让老公抵御外面的诱惑,先要让自己诱惑住老公,记住:"三不女人"和老婆"小三化"都是不错的选择!

四、女人出轨相当于搭上一辆远行的列车

（一）女人红杏出墙，男人绿帽横飞

记得很早以前看过一本描写婚外恋的长篇小说，书名和情节都没印象了，但里面有句话至今记忆犹新——婚外恋，不管起因、过程和结局如何，受伤的永远是女人，无论是原配、第三者还是主动出轨的妻子。

那是因为，**在婚外恋这个古老的感情游戏里，"欲"才是游戏的最终目标，而不是情。**

男人"一时性起"，可以把有性无爱的游戏玩得很娴熟，因为男人都有"性爱分裂症"，性和爱分割得一清二楚；而女人总是把情和欲混为一谈——当你袒露身体和欲望的时候，也搭上了灵魂和爱情。你原是容不得婚姻里揉进一粒沙子的，到头来却不得不面对泥沙俱下。

自古以来，男权社会都是鼓励男人风流，主张妇女守贞的。男人有多个性伴侣似乎很光荣，女性一旦红杏出墙则被视为耻辱，因为她对丈夫的绝对权威构成了挑战。在一夫多妻制的婚姻中，男人

可以寻花问柳三妻四妾，充分享有性的自主权。而女人则被剥夺了这项权利，婚前，她必须保持贞操，婚后她也只属于一个人——她的丈夫。妻子没了，男人可以续弦；丈夫死了，妻子却很难改嫁。显然，两性这种不平等的性的地位来源于经济上的不平等，大量的财富都集中在男人手中，而且这种财富将来还要传给他的子女。为了保证父系血统的纯粹性，丈夫要求妻子必须忠贞不贰，自己却无可无不可。在生产资料和生活资料基本上都被男性所一统天下的封建社会，妻子除了生儿育女，不过是个婢女的头领而已，正如恩格斯在《家庭、私有制和国家的起源》一书中所指出的："为了保证妻子的贞操，从而保证子女出生自一定的父亲，妻子便落在丈夫的绝对权利之下。即使打死了她，也不过是在行使他的权利罢了——如果妻子回想起昔日的性的实践而想加以恢复时，她就要受到比过去任何时候都要更严厉的惩罚。"

　　古罗马帝国的皇帝奥古斯都是恺撒大帝的义子，他自己生活放荡，在爱上比他年长17岁并怀有六个月身孕的丽维亚时，毫不迟疑地废黜了他的妻子。可是他却颁布了严惩通奸的法令，这种惩罚当然主要是针对女子的。如果一个男子发现妻子与人通奸，就要和她离婚，否则就要冒被告发的危险。通奸的女子被放逐到一个小岛上，没收她一半的嫁妆和三分之一的财产，任何男子如果再和她结婚，视为同犯。在19世纪美国杰出的浪漫主义作家霍桑的长篇小说《红字》中，一位端庄美丽的少妇海丝特，在丈夫失踪数年后，因为和一个牧师相爱，就被腐朽黑暗的教会当作训诫罪恶的一个标本，罚她胸戴红A字（即英文"通奸"一词的第一个字母）。在这种忍辱含垢中，这朵曾经美艳绝伦的鲜花渐渐枯萎了……

然而，**哪里有压迫，哪里就有反抗。凭什么只许丈夫"人生得意须尽欢"，妻子就得"无奈金樽空对月"？显然，这是一种强盗逻辑**。就像恩格斯在《家庭、私有制和国家的起源》一书中所预言的那样："随着个体婚制，出现了两种经常性的、以前所不知道的特有的社会人物：妻子的经常的情人和戴绿帽子的丈夫。"女人红杏出墙，自家的男人便戴起了绿帽，所谓红花还得绿叶配，一红一绿交相辉映，真是"红杏枝头春意闹"！

欧洲中世纪风靡一时的骑士文学中，就有美丽多情的贵妇背着自己的丈夫和勇猛刚健的骑士偷偷幽会的场景。在骑士眼中，有老公小孩的贵妇人却像圣母一样圣洁，能为自己心爱的贵妇人去冒险和取得胜利，博得贵妇人的欢心，在骑士看来是最大的荣誉。

说起中国的"绿帽"文化那也是源远流长，不仅普通老百姓"长戴不懈"，连住在深宫大院里面的皇帝老儿也争先恐后地抢着"戴"。别看中国的皇帝个个六宫粉黛，大小老婆无数，可精力毕竟有限，哪儿忙活得过来啊，难免就有"漏网之鱼"，偶尔也要出去"透口气、兜兜风"。柏杨先生就曾经说过："世界上最危险的事，莫过于皇后红杏出墙，给皇帝戴回绿帽。"可历史上皇后妃嫔偷人，比比皆是。特别是隋唐时期，上至君王下至朝野，戴绿帽成了一种时尚，甚至出现了隋炀帝给父亲隋文帝、唐高宗给父亲唐太宗戴绿帽这样精彩纷呈的"绿帽剧"。

在美国，1991年，芝加哥大学对一些已婚妇女进行了调查，当问及她们是否有过婚外性行为时，10%的回答是肯定的。到了

2002年这个比例上升到了15%,而男人回答"是"的也只不过是22%。对这个调查的最好解释就是女人出轨的概率正在接近男人,在所有的年龄层次中,外遇比例最高的是26岁到30岁的妇女。1983年,《美国配偶》调查也发现,最易有婚外情的就是少妇。最近的调查指出,20来岁的少妇出轨比例甚至比同龄男性高出一成。美国在1988年针对婚外情所做的调查发现,如今,少妇婚后背叛丈夫明显提速了。在20世纪60年代前,已婚女性平均结婚14年后才出现第一次外遇,而现代女性结婚不到5年就开始出轨了。

(二)女人出轨等于上了一辆远行的列车

如果说,婚外情中,男人更多的是在找性,那么女人则是为了寻情,哪怕一开始有性的因素,(像《水浒》里的潘金莲与西门庆勾搭成奸,《查太莱夫人的情人》中的已婚女主人公背着老公与健壮的伐木工人尽享鱼水之欢)**最后也是性情交融,灵肉合一。对于多数女人而言,出轨更多意味着身体、情感和精神的多重出轨;她们出轨的动机和男人不同,有性,但更多是情——平淡的婚姻导致的情感寂寞,得知丈夫不忠之后的情感报复,都可能成为导火索。**

在我去年主持的网络情感节目中,就见过很多类似的案例:或者是因为丈夫追求事业终日忙碌,忽视了对妻子的关爱和温情,或者是丈夫在外面贪恋酒色,妻子正常的生理需要无法满足;或者长期两地分居,妻子养在深闺人不知。丈夫也缺乏家庭责任感,不会时不时煲个电话粥慰问一下,久而久之,必然使夫妻之间的感情趋向淡漠,使妻子产生寂寞心理,感到没有精神依托。此时,如果遇上一个长得比郭富城还英俊,比周润发还潇洒,声音比赵忠祥还有磁性,唱起歌来比张学友还要动情,讲起段子来比郭德纲还利索的男人,您说这剧情接下来该怎么发展?就像国外一个剧作家所说的那样,当舞台上突然出现了一把枪,你就要小心——很快它就要响了。

女人是天生的感情动物,她们喜欢把爱情当成播种的春天,把婚姻看作收获的季节,一旦在婚姻的麦田里收获不了爱情,就要红杏出墙,寻找阳光雨露。女人花啊,女人花,女人本质上就是一朵娇艳的小花,既需要爱情这片土壤长年的滋养,也需要男人这个园丁不停地浇灌。如果那片土壤渐渐干涸,如果那个园丁总是忘记自己的职责,女人这朵小花要么慢慢枯萎,要么就在外界的诱惑下灿烂无比地绽放出来,满园的春色你不去理会,自然有人欣赏,于是一枝摇曳多姿但却寂寞非常的红杏就会奋力开出。所以中国古代文人骚客对妻子的出轨有一句绝妙的评价:"春色满园关不住,一枝红杏出墙来。"

女性婚外恋的过程通常是"厌旧喜新""弃旧图新",而很少像男人一样"喜新不厌旧"。在处理感情问题上,男人大都是态度暧昧、游移不定的野生动物,既想摘红玫瑰,又不舍白玫瑰;既惦记第三者,又挂念着糟糠妻;吃着碗里,瞅着锅里。女人不是这样,要么在锅里,要么在碗里,在对异性的喜爱或厌恶上面,女性的特点是态度永远那么明确、毫不含糊。

关于这点,我在第三章分析过,男人在爱情上具有"多重选择"的动物属性，既可以爱着A这个女子，也可以把目光和心思投向B这个女子。在这一点上，女性则截然不同，属于"单向选择"——如果一个女性目前爱上了A这个男人，那么她眼中只会有A。倘若一个特殊的机缘，她又爱上B这个男人，那么，以前关于A的种种爱意就会消失得一干二净，她所有的情感又都会集中在B身上。所以，女人婚外出轨，往往比男人更勇敢更执着，这显然符合男女两性在情感归属方面的差异——前者倾向于多样性，后者则喜欢专一性。女人在感情上大都有洁癖，不容许一段清澈的感情被玷污，否则宁为玉碎不为瓦全。

如果说大多数男人的外遇只不过是去了趟"度假村"，迟早是要回家的。那么女人的出轨呢，就等于上了一辆远行的列车，基本上是有去无回。一旦离家出走，妻子重返家庭的比例非常之低。换句话说，妻子外遇之后，大都要求离婚，且迫在眉睫。日本曾经有过一本从儿女角度来看父辈婚外情的小说名叫《父亲回来了》，却从来没有《母亲回来了》这类作品问世，在这方面，可以看到丈夫和妻子对于外遇的决心迥然不同。

男人性爱动物的本性，决定了他们一旦对婚姻厌倦了，就会去寻花问柳，但依然会把家庭放在重要的位置。女人则不同，一旦对婚姻失去信心，她们红杏出墙之日大都是家庭解体之时，这里既有女人主观上不愿回头的倔强，也有丈夫客观上不能原谅的因素。即便妻子迷途知返，这段婚姻已是遍体鳞伤，维持下去也只是一个形式而已。

（三）女人红杏出墙触犯了男人的"处女情结"

妻子红杏出墙，这里实际上触犯到了男人，尤其是中国男人根深蒂固的"处女情结"。

男人的"处女情结"，古老而神秘，既是传统的大男子主义思想的一种延伸，认为跟我过日子的女人必得唯我独尊从一而终，又是随意支配女人改造女人，将女人视为战利品的雄性心态的流露；另外还有一种潜在的自卑感在作祟。男人无法忍受在性方面被老婆同她以前的男友做比较，这与男人在性方面缺乏自信有关。因此就男人而言，追求纯洁的处女的心理的背后，实际上还隐藏着男性性方面的不安感。在欧洲的中世纪，骑士出征之前，往往让妻子戴上贞操带，是为了避免自己不在的时候，妻子同别人发生关系，否则的话，颜面尽失。婚后，男人怕戴绿帽，就是担心纯正的父系基因受到干扰，万一妻子怀孕，生的孩子不是我的怎么办？在孩子跟父亲姓，老婆由丈夫养的传统男权家庭结构中，这无疑是巨大的羞辱。要不怎么有男人"四大傻"之说呢：股票被套，小蜜被泡，伟哥失效，孩子越长越像对门老赵。

不要以为只有中国的女人被贞节牌坊给束缚住了，事实上真正被束缚的是中国男人。男人怕戴绿帽和根深蒂固的处女情结一样，是赤裸裸的占有欲，是虚张声势的"面子工程"，也是骨子里自卑脆弱的表现。

连易中天先生也在《中国的男人和女人》一书中一针见血地指出："男人的性心理是很矛盾的：他希望自己的女人严守贞操，其他的女子最好都是娼妇。女人都应该矢志不渝从一而终，至于男人，那是韩信用兵多多益善。"恩格斯也指出："凡在妇女方面被认为是犯罪并且要引起严重法律后果和社会后果的一切，对于男人却认为是光荣，至多也不过被当作可以欣然接受的道德上的小污点。"这也是为何同样是婚外出轨，对男人相对宽容，对女人则偏于严厉的社会深层因素，归根结底，这还是一个男人可以为所欲为的男权至上的社会。

然而，时代的车轮毕竟是在不停地前进之中，观念也在不断地更新。前几年，美国著名婚姻问题专家保妮·韦尔出版了一本畅销书，名叫《外遇——可宽恕的罪》。她认为，外遇虽然是种罪过，但有婚姻便有外遇，因此要以宽恕的态度对待它，且无论男女，都应一视同仁。

五、丈夫出轨之后，妻子该如何自救

在婚外恋这出上演了数千年也亘古不衰的悲剧中，男人扮演的基本上是肇事者的角色，女人呢，无一例外都是受害者，这其中，原配妻子受到的伤害最深，也最重。

丈夫婚外出轨，妻子婚内受伤。一场乱七八糟的出轨大戏降下帷幕之后，做妻子的大都悲愤莫名、心绪难平，此时面对那个曾经不忠的丈夫，是选择原谅还是不依不饶，抑或直接离婚一了百了？

个人建议如下：

一是不要又吵又闹，不要到处哭诉，要学会冷静处之。

婚外恋暴露以后，妻子大都深感委屈，跟丈夫哭闹是常有的事，但要注意适可而止。适当地哭可以使丈夫心生愧疚之情，但哭多了不仅没有实际效用，还会产生反作用。而大吵大闹则会使原本已经开小差的丈夫更加心烦。

不要到处哭诉。那种不仅跟邻居诉苦，也向父母亲陈情，甚至到丈夫的上司那里去告状的做法是非常短视的，好似鱼死网破，只会使丈夫丢尽颜面，却无益于事情的圆满解决，（因为中国男人最重面子，毁了他的面子。就跟当众扒了他的裤子，让他裸奔一样使他无地自容）如果一意孤行，只会激化矛盾，不仅丈夫难以回头，还使夫妻彻底反目，反倒成全了第三者。

而且没完没了地诉说丈夫的不是，徒使对方增加"罪恶感"，这种"罪恶感"在无法排除的时候，外遇的丈夫说不定会有"一不做，二不休，反正大家闹开了，我也没什么好回头的了"的心态，两人关系越来越远。相反，**包容、宽恕、忍耐却能使配偶产生愧疚感，深觉对不起你，不敢再伤害你。男人犯了错误以后，面对妻子的宽大处理，一定会感激涕零，男人大多看重责任感，一旦有负重托，都会心生内疚之情。此时，你再给他来个"约法三章"，他还不跟阶下囚似的"乖乖就范"？**

二是不到万不得已不要轻言离婚。

丈夫有外遇之后，很多妻子第一时间想到的就是离婚。**离婚不是不可以，但要慎重对待。除非你们的婚姻早已千疮百孔，婚外恋只是导火索，否则轻言离婚，受害最大的一是无辜的小孩；二是遍体鳞伤的你，因为孩子如果从小在一个单亲家庭长大，身心健康都会受到很大的影响。**如果是个男孩，父亲的位置长期缺失，他会产生榜样的失落感，不利于他正常男性心理的形成，还会造成孩子的困惑、自卑及无所适从。（国外有心理学家指出：男孩在成长期如果得不到父爱，要么恋母，将来影响择偶和婆媳关系，要么阳刚气不足，有变成同性恋的危险）如果是女孩，少了父爱也会产生情感饥渴症，将来很容易出现"恋父情结"，喜欢寻找年龄偏大的异性。

假设非要走到离婚那一步，你一定要做好在相当长的一段时间内打"游击战"的准备。因为，你无法保证下一个遇到的男人会比

你现在的丈夫更优秀，同时也更忠诚。优秀的好男人是有，但在这个声色犬马的花花世界里早已成为"稀缺资源"，说不定还没轮到你心动，就已被其他异性"瓜分"。 国外一名专门研究情感问题的女作家说过这样一段话：女人三十五岁以后离婚，再遇到如意郎君的概率甚至比遇到车祸的概率还低。

所以，男人外遇之后，妻子不到万不得已，不要用离婚来惩罚男人。

三是要学会用智慧打败情敌。

有个女作家说过：**"男人搞婚外恋就是图个新鲜，做老婆有做老婆的优势，跟那些新人争什么争？她新鲜她的，假以时日，她不也旧了吗？"** 是啊，等大家都旧了的时候，就要比谁的含金量高了，**此时，女人的心胸，女人的智慧就是争取男人的最大法宝。**

说到这里，我想起了一个很有意思的故事，有点长，但我还是忍不住想说给那些妻子们听听。

聊斋中有篇叫《恒娘》的短文，表面上说的是正室和二奶的地位争夺战，实际上却是一本智慧女人打败情敌的活生生的好教材，不信请看：

京都有个洪大业先生，本来有个如花似玉的老婆朱氏，非常恩爱。但没过两年，洪先生又包了个二奶宝带，这宝带资质平常，却把个洪先生迷得神魂颠倒，把个朱氏气得死去活来。朱氏受不了了，就整天跟洪先生吵闹，结果适得其反，丈夫反倒疏远她了，就更疼爱那个长得不怎么样的小妖精。

后来洪先生发了大财，全家就搬进了一所高档小区，朱氏认识了住在对门的恒娘。这个叫恒娘的女人三十多岁，相貌平平，但嘴巴很甜，很会说话，她老公狄先生很爱她。有一回朱氏去拜访恒娘，发现狄家也有一位二奶，二八芳龄，美貌非凡。可是住了半年，洪家天天是又打又吵，狄家却平平安安，狄先生虽有年轻貌美的二奶，反倒爱半老恒娘爱得天昏地暗，二奶仅维持一个名分而已。朱氏心里就直纳闷，这是怎么回事？在男人眼中，不都妻不如妾吗？何况那个小妾还年轻漂亮？于是，朱氏专程去登门请教，恒娘先毫不客气地把她批评了一通：这都是你的错，怎么能怪男人呢！你从早吵到晚，哪个男人受得了啊？是你逼他不爱你的。你回去不要再吵闹了，让他去陪宝带，一个月以后我再教你怎么做。

朱氏还挺虚心，回去以后就开始睁一只眼闭一只眼了，不到一个月，洪先生对老婆的态度大为好转。恒娘再度倾囊相授：你现在回去不要梳妆打扮，什么粉底口红都别抹了，每天就跟仆人一样多做工，不要理他。朱氏言听计从，回去以后从箱底翻出最旧的衣服，整天蓬头垢面埋头苦干，可怜兮兮，好像一个女奴。惹得洪先生心疼愧疚，几次走过来想对老婆大人嘘寒问暖一下，都被朱氏冷言冷语给挡了回来。

又过了一个月，恒娘约朱氏上街购物，帮她选了最时髦的玻璃丝袜、三角裤和高跟鞋，又带她去最高档的美容院做了回面膜，好家伙，这一捯饬，朱氏俨然像仙女下凡，然后恒娘又如此这般地面授机宜。回家后，洪先生一见竟然愣了半天没敢认，还以为哪来一个关之琳呢？按照恒娘的嘱咐，朱氏还是爱搭不理的，总是把自己锁在卧室里，老公三番五次来敲门也不应。把个洪先生急得跟热锅上的蚂蚁似的。有一天，乘老婆出来上厕所的工夫直接钻进房内干脆赖着不走了，于是朱氏跟他约法三章，以三天为度，每隔三天，准他进房一次，洪先生频频点头。

朱氏以为大功告成了，恒娘却不以为然：要想长久降住你家那个臭男人，你的功夫下得还不够。朱氏赶忙请教，恒娘遂叫朱飞一个媚眼，直摇头：不对劲，外眼皮有问题。又叫朱作一个微笑，又苦笑：左颊有问题。于是亲自示范，眼睛半开半闭，惺松若玛丽莲·梦露，再俏皮娇笑，微露玉齿，又像奥黛丽·赫本，让朱模仿，朱做了数十次，总算大致差不多。恒娘乐了：这才叫"女人"嘛，女人不甜，俨然关西大汉，那就叫人反胃了，你应该每天对镜练习，奥妙无穷。朱回家后，照着恒娘的指教，刻意学习。洪先生看见，那简直就是心跳如擂鼓，魂飞天外，唯恐她晚上关门，不让他进去，干脆就从二奶的屋中搬了出来，天天待在老婆大人的房间，足不出户，是推都推不走，赶也赶不出。

恒娘更出一计，让朱氏每次家庭宴会都带着宝带入座。大老婆二老婆坐在一起，气质、容貌、谈吐，就像贵妇旁边坐了一村姑，洪先生越看宝带越不顺眼，更加冷落了她。宝带气不过，就整天骂骂咧咧，还到街坊四邻那儿说老公的坏话，洪先生一怒之下给了宝带一耳光，这下可好，宝带就直接破罐破摔啦，索性不再打扮，衣服也不讲究了，头发蓬松如鬼，最后被洪先生一纸休书给打发走了。

朱氏终于扬眉吐气，于是她又登门致谢，并向恒娘询问个中缘由，恒娘告诉她：男人都是喜新厌旧的，越难得到的越珍惜，越容易到手的越不在乎。丈夫包二奶，有时候不是因为她长得比你漂亮，而是觉得她比你有新鲜感。你就放他去乱来，久了他也腻。这好比吃饭，吃得饱啦，便是山珍海味都难以下咽，何况粗茶淡饭乎？朱氏又问：故意糟蹋自己，而又突然炫耀，又是为啥？恒娘回答：不常和他见面，好像久别重逢。突然焕然一新，男人乍睹艳妆，难免胃口被吊起，好像穷小子一下子吃到肥肉，自然不吃高粱米了，偏偏你又端起了架子，老是拒绝他。男人都贱得很，越得不到的越想得到。此之为以妻为妾，以家为野之法也。（就是把家花当野花来培养）

相信看完这个故事的每个人都会被恒娘的智慧所倾倒，在蒲松龄笔下，这是一个聪明绝顶的狐狸精，在我看来，这简直是一个高级心理咨询师，男人是什么东西，早被人家看得透透的。

男人都是喜新厌旧，远亲近疏，这是男人的劣根性。"只闻新人笑，不见旧人哭。"这是感情的一种悲哀，试想岁岁年年，月月日日，守着一张面孔，甫说寻常女子，就是西施样的绝色美人男人也会产生审美疲劳，所以恒娘开出的药方中，一味是距离，一味是情趣，一味是新鲜。此三味就是美，在女人常变常新的情爱策略中唤起的是男人对你永久的热情。得此三味者，就是一个玲珑娇媚、风情万种的女人，就是一个让男人读她千遍也不厌倦，读她的感觉总像三月的女人。当一个女人在情场上拥有了这么多智慧的法宝，还怕什么第三者第四者第五者？

四是要学会在经济上掌握主动权。

在中国这样一个男强女弱的传统社会，除非有强大的经济保障和人格独立，否则女性选择离婚无异于娜拉出走，逞了一时的痛快，但最终前路漫漫，前途未卜（抱定从此独身者除外）。其实，**婚姻说穿了就是一门互相妥协的艺术，女人在婚姻中要是受到了欺骗，最好不要用离婚这个手段来惩罚男人，而是要学会在经济上掌握主动权。就像一个发展中国家，只有经济上彻底强大起来，那些殖民帝国才不敢小觑你。**

那么怎样掌握主动权呢？这里分两种情况。

如果你一直是个全职太太，那么当老公有外遇之后，你首先要做的第一件事就是赶紧出门找份工作。我一直强调，一个经济独立、精神独立加上充满自信的女人无论走到哪里，男人都不敢小瞧你，因为你独立，他无法操纵你，因为你自信，他掌控不了你，你的若即若离反倒滋生出一种神秘感，让他对你另眼相看。而全职太太因为没工作，精神上不独立，因为没收入，经济上又依赖丈夫，他整天在外面花天酒地，你总是独守空房难免心里不平衡，久而久之，你的自信也会在无休止的家务劳动中丧失殆尽。

亦舒小说中有一个女人，婚后一做家庭主妇就做了二十年，突然有一天，她一觉醒来，得知她丈夫已经和情人双宿双飞，她还全然不知。结果她无所适从，因为她已经整整二十年没上班了，她连怎样求职都不会，就像一只家禽突然从家里走了出来，连起码的野外生存本领都丧失了。某种程度上，妻子成为全职太太，就等于拉大了和丈夫的距离，如果丈夫事业蒸蒸日上，妻子却除了在家里埋头苦干，对外面一无所知，婚姻的平衡感就会逐渐被打破，此时婚外恋仿佛一个不速之客，自然会登门造访。

相反，身为全职太太的妻子重新选择出来工作，一是在经济上可以获得自主权，他要是真铁了心跟你离婚，你也不会因为无法适应外面的社会而忍气吞声；二是也可以拓展交际圈，在其他男人那里重获自信，如果你在工作中赢得了无数异性的注目礼，他还敢再随便造次吗？

如果你早已是家里的财政部长，那我劝你，他从所谓的"度假村"归来之后，你要逐渐大权独揽，尤其是经济权要牢牢把控，不要随便把钱交给他。男人花心大都是建立在花钱的基础上，没钱花了，或者经济命脉被严格控制住了，男人就像被剥夺了各种决策权的傀儡皇帝，只有唯命是从的份儿。男人有钱就变坏虽不是一句颠扑不破的真理，却可以在一定程度上堵住外遇的缺口。

第 7 章

男人需要尊重，
女人需要疼爱

一、男人最大的情感需求是获得女人的尊重

（一）尊重是一个男人最深层的价值体现

唯物辩证法告诉我们，世界上的万事万物都是既对立又统一，既矛盾又和谐的。首先，对立面之间具有相互排斥，相互否定的性质；其次在斗争中彼此又产生相互依存、相互渗透、相互妥协的关系，这就是矛盾的对立统一规律。

表现在两性关系中，就是男人是野生动物，女人是筑巢动物。他们是生理结构、思维方式和情爱心理不尽相同的两类高级动物。但男人和女人又会恋爱、结婚，共同经营家庭、繁衍后代。所以，男人离不开女人，女人也离不开男人，一方面他们各自为政；另一方面他们又要和谐共处。

那么**两性之间有没有和谐美满的相处之道呢？有，那就是男人需要尊重，女人需要疼爱。**

前面提到，**男人作为野生动物，追求地位和崇尚自由是首要的生存法则。在适者生存、优胜劣汰的残酷现实中，男人都想力争上游，当个强者，此时尊重就是一个男人最深层价值的体现。**

美国心理学家曾经把400名不同年龄、不同职业、不论婚否、不管成败的男士作为调查对象，要求他们在两种截然不同的恶劣环境中做出选择：（1）独自一人，这个世界上没有人爱他。（2）每一个人都不尊重他。结果显示，74%的男士都说，如果非要在以上两个答案中做出选择的话，他们更倾向于选择没有人爱他的世界，有的男士干脆直截了当地回答："我情愿娶一位尊重我但不爱我的妻子，也不愿意娶一位爱我但不尊重我的妻子。"当然，这些男人并不是对爱漠不关心，他们也同样需要爱，但对于把地位看得高于一切的野生动物来说，被尊重的感觉显然更为重要。一个男人，如果得不到起码的尊重，就跟街边流浪的乞丐一样无地自容。

同样类似的调查还出现在以下的问卷中：即使关系最好的夫妻或者朋友偶尔也会为日常琐事发生争吵，甚至发生冲突。那么在和妻子或者亲密朋友发生冲突时，您更有可能感觉：一是我的妻子或者亲密朋友此时此刻不尊重我。二是我的妻子或者亲密朋友此时此刻不爱我。不出意料，81%的男士选择了前者。

这就是男人——外表刚强内心脆弱，表面自尊实则自卑的野生动物，男人无论在外拼杀，还是回到家里，最看重尊严，最讲求面子。某种程度上，男人是为了面子而活的。连那个神经兮兮的无业游民阿Q都知道用精神胜利法来给自己挽回面子，何况是正常的男人？**面子是男人的精神底裤，不给男人面子等于当众扒了他的底裤，让他裸奔。男人嘛，可以接受善意的批评，但不能接受无端的指责，可以忍受屈辱，但不能忍受羞辱。做妻子的倘若不了解丈夫这种独特的情感软肋，就会铸成大错。**

有一回我做客一个情感节目，就遇到一个不懂得尊重丈夫的妻子。夫妻二人本是外地来京打工的，结婚十多年来，一直以卖菜为生。但妻子不甘久居人下，一天到晚催促丈夫发奋图强，但做丈夫的却总是安于现状，哪怕每天起早贪黑，也毫无怨言，闲暇时间还打打麻将写几首模仿舒婷、席慕蓉的小诗，倒也活得舒心惬意。可一心幻想发家致富的妻子却心急如焚，于是三天一小吵五天一大闹已成家常便饭。每次吵架，妻子的口头禅就是："你还算是个男人吗？没本事，没出息，嫁了你算是倒了八辈子的霉！"而且，还经常当着年幼的儿子的面公然数落他，丈夫起先还忍气吞声，有一回家里来了几个亲戚，妻子又无缘无故地指责起丈夫，骂他是"蠢猪""废物"，丈夫顿觉脸面无光，一气之下差点动了手。谁承想，望夫成龙最后变成了望夫生恨，一对原本相濡以沫的患难夫妻差点走到离婚的边缘！

我记得那天在演播室现场，那个一心望夫成龙的妻子满腹冤屈：我说他都是因为爱他！但丈夫毫不领情：她从来不懂得尊重我，我不接受这种毫无尊严的爱！在这里，夫妻双方对于爱的理解可谓南辕北辙。妻子觉得爱代表一切，打是疼，骂是爱，越疼越得用脚踹；可丈夫却认为，尊重是爱的前提，缺少尊重的爱他宁可不要。显然**在两性关系中，女人对爱的需求超过了尊重的需求，而男人正好相反，对尊重的需求超过了爱的需求。**

在很多情感节目中，我经常听到妻子们在抱怨：他不爱我，我感受不到他的爱。与此同时，我也经常听到丈夫们的不满：她不尊重我，总是找各种理由数落我贬低我。于是，一个疯狂的怪圈就出现了，没有感受到丈夫的爱，妻子就以拒绝尊重来表示反抗。同样,没有感受到妻子的尊重,丈夫就以拒绝疼爱来表示反抗。美国著名心理学家爱默生·艾格里奇指出:成千上万的夫妇成了这个"疯狂怪圈"的猎物,深陷其中,无法自救,于是一半的婚姻都以失败告终。

(二)女人在家里太强势,男人就会感觉不到被尊重

近些年,社会上流行一种"妻管严"式的夫妻相处模式,妻子在家中经常扮演太后、领导、司令、法官、警察等多重强势角色,丈夫只有低三下四俯首帖耳的份儿,一旦稍有反抗就坚决镇压。久而久之,丈夫对尊重的心理需求被严重挫伤,此时一旦在外面遇到一个非常仰慕他、尊重他的年轻女性,就会有种枯木逢春的喜悦。我认识的一位严妻在丈夫有了外遇之后跟我说了这样一番话:"跟他结婚这么多年,我老是看他不顺眼,在家里也一直对他横眉冷对的,还经常对外人说,他不值得我尊重。后来发现他有外遇了,我开始还挺纳闷,那个女人既不漂亮,也没什么魅力,他为什么要跟她在一起?后来我明白了,她是他最忠实的听众,她崇拜他,老是赞美他。在她眼里,他是她遇到的最能干、最具智慧、最有幽默感的男人。他的自尊心、优越感得到最大限度的满足。"

尽管男女平等的口号喊了大半个世纪,但中国男人在择偶方面一直都是俯视心埋,哪怕是温柔清秀的花样男,窝囊软弱的小男人,也对小鸟依人式的小女人充满向往,这是男人的天性——他既渴望身边的女人关心他体贴他,更希望身边这个女人欣赏他崇拜

他。虽说男人本质上都是孩子，需要母亲的指点；是一匹孤独的狼，需要驯兽师的调教，但要适可而止见好就收。没有一个男人会愿意整天像个三孙子一样被呼来唤去，更不需要妻子无时无刻不在扮演母亲的角色。如果对方动辄以爱的名义限制他的自由，老是用居高临下的口气伤害他的自尊，这个男人就有挣脱牢笼逃离虎口的想法。本来相依为命相亲相爱的另一半最终变成了望而生畏的"母老虎"，哪个男人会心甘情愿丧生在虎口之下？

女人不怕在外面强势，就怕把这种说一不二的领导作风带回家里，把本是七尺男儿的丈夫也当成唯命是从的"虾兵蟹将"。如果时时刻刻像小狗一样把男人拴在身边，家里家外都像老妈一样做男人的主，男人就会感受不到一丝的尊重，就会产生严重的"幽闭恐惧症"。长此以往，俯首称臣的他难免揭竿而起。 性格强势的女人应该谨记，不要总是在丈夫面前扮演强者，要适当展现小女子温柔妩媚撒娇卖嗲的另一面，否则一味逞强，难免会最终沦为爱情角斗场上的弱者。

（三）男人最大的不满就是女人总想改造他

在我接到的情感咨询中，男人最大的不满来源于女人总想改造他。女人深爱她的男人，就觉得有必要帮助男人成长和成熟，改进男人的言谈举止，改变他的想法和做法。不是都说好女人是所学校吗？于是，女人寻找一切机会教育男人，告诉男人怎样立身处世，怎样待人接物，怎样功成名就！

这里似乎有个认识上的误区。**好女人是所好学校，这个说法不错，但它有个前提，这所学校得是男人主动申报志愿，自觉自愿考上的，它更像一所大学，而不是工读学校。前者男人更多受到的是潜移默化的影响，后者则是带有一定强迫色彩的劳动教养，男人大都心不甘情不愿，**因为女人自作主张的所谓改造，让男人感受不到一丝的尊重，他甚至产生自卑心理，觉得自己不可爱，不值得女人去爱，甚至觉得自己窝囊透顶、一无是处。

我们不要忘了每个男人心中都潜藏着英雄情结，他需要女人的崇拜，他需要女人的爱慕，他需要女人的认可和接纳，没有一个英雄从战场上凯旋以后愿意听到妻子的批评和数落。此时，你给足丈夫的面子就是给足自己的快乐。从两性关系的角度来看，男人所做的一切都是为了获得女人的赞美——当你们相爱并结婚后，他时刻感受到你的信任，他为此心存感激，他在你身上获得了无条件的尊重，接下来他也会用无条件的爱来回报你。

我们也不要忘了每个男人心中还有个长不大的孩子，无拘无束，自由自在，如果你老是想修理他，他就会产生叛逆的行为，你让他向东，他也许偏偏向西，你越指手画脚，他越是充耳不闻，你越管束他，他越抗拒到底。有时候，为了打造出心目中理想的男人，女人挖空心思，采取五花八门的改造方式。女人认为这就是爱，男人的感觉，却显然是另外一码事——他认为女人在操纵他的自由，在贬低他的智商，此时你碰触的是野生动物的底线！他认为女人是在拒绝他，不接受他的本来面目。男人渴望充满爱意的信任和接受，他知道，自己不必十全十美，却照样可以得到垂青；女人不会对他实施改造，而是相信他可自行努力，获得进步，不断成熟。男人只有充分感到来自女人的尊重，他才乐意做女人的听众，体谅她的需求，满足她的愿望。

女人要懂得，帮助男人最好的方式，就是在尊重的前提下给他提出良好的建议，而不必想当然地对他实施改造工程。金无足赤人无完人，面对自己心爱的男人，女人倘若斤斤计较，百般挑剔，换来的只有千般不是，万般无奈。

具体来讲，女人要学会做到以下几点，男人才会感受到充分的尊重和信任。

支持他的工作，对他工作中取得的成绩表示赞赏，学会做他事业上的忠实粉丝。

当他忙于工作而暂时忽略家庭时，不要心生埋怨，不要冷嘲热讽，要学会理解。这样他才会在你宽慰的笑脸中感觉到一丝的愧疚，稍后他会用十倍的热情加倍补偿你的。

当他做出了一个很棒的决定时，你要马上表扬他；当他做了一个不怎么样的决定时，你要表示宽容，不要立即反驳他，而是心平气和地说服他。你越在意和鼓励他，他越是信心百倍。

你可以私底下和他吵嘴，但在孩子面前，在公婆面前，在外人面前，要给足他面子。

在家务事上，你要尊重他的意见，不要事事都自作主张，当双方意见不一时，不要意气用事，要学会冷静思考。

要善于给他打气，当他情绪低落或遭遇挫折时，你要这么跟他说："老公，你在我心目中永远是最棒的，无论你做什么，我都支持你！"

二、幸福的女人都是被男人"疼"出来的

（一）"女人味"是靠男人疼出来、宠出来的

英国侦探小说女王阿加莎·克里斯蒂有部代表作叫《尼罗河上的惨案》，曾被搬上银幕，获得过奥斯卡奖，我是二十多年前看的，现在回想起来，人物情节都印象不深了，只记得影片结尾有一句经典的台词："女人最大的心愿就是希望有人爱她！"——它出自阿加莎笔下那个著名的比利时侦探波洛之口：此前他刚刚在尼罗河上的一艘游轮上破获了多起神秘的凶杀案，凶手是一对情人，起因是为了谋夺一位富婆的财产，末了却掺杂进了情爱的要素。所以波洛这句类似格言警句的台词既可看成是对整个案件的一个总结，也可理解成一个历经沧桑的老男人对女性情爱心理的一句意味深长的慨叹。

如果说男人生来就是地位的奴隶，一生都在为地位的升迁和名利的追逐执迷不悟，女人则是爱的天使，爱的信徒，爱的俘虏，飞扬在爱的天空中，沉浸在爱的世界里，禁锢在爱的牢笼间。爱是女人的翅膀，爱是女人最初的母语，爱也是女人最后的信念。我们从

创世纪的神话就可以看出，夏娃来自亚当的一根肋骨，当她从亚当的身体分离的那一刻起，她就有种分离的焦虑，她渴望男人的保护，渴望男人的疼爱，渴望跟男人融为一体。女人对爱有着深度的敏感，上帝创造女人的目的大概就是让男人来疼的，男人必须无条件地爱女人，女人才会觉得天空是湛蓝的，大地是温暖的。女人对爱的需求如同对空气的需求一样，有人说，如果女人最基本的最深层次的需求不是爱的话，世界将会变得像冰窖一样寒冷。

国外心理学家曾把男人女人对待爱情和婚姻的差异比喻成两条设计不同的电路，其中一条串联电路，上面有3000个灯泡，当其中一个灯泡损坏以后，整条线路都漆黑一片；另外一条则是并联电路，上面也有3000个灯泡，如果损坏了其中2000个，其他1000个仍会工作。

在婚姻生活中，妻子的心理状态更像串联电路，如果出现一个严重的冲突，她所有的灯泡都会导致故障；这是因为女人是天生的感情动物，她的思想、身体和灵魂都连成一体，就像一大捆炸药绑在一起，哪怕一丁点细小的火花，也会成为导火索。此时，丈夫不经意的冷漠和伤害，即便细小如蚊叮虫咬，也会让妻子倍感不快。我记得一位已婚女子曾经在一个情感节目中说过这样一段话："如果我身体的某个区域感觉不到他的爱，我全身的所有领域都会跟他针锋相对。"这跟女人的性感区遍布全身有关，而在绝大多数女性眼中，性和爱恰似一朵并蒂莲，是密不可分的。男人却是那种2000个灯泡坏了剩下1000个还能运转的那种并联电路。这跟男人是性爱动物，男人都有"性爱分裂症"有关。

在生活中，绝大多数男人都喜欢小鸟依人的女人，喜欢女人味十足的女人。殊不知，所谓女人味，三分之一是天生的，三分之一靠后天的培养，另外三分之一则是要靠男人疼出来的，宠出来的。我在第一章提到，男人都喜欢在追求异性保护异性的主动性行为中获得一种高高在上的成就感；而女人则喜欢在被对方呵护和关爱中获得安全感和幸福感。女人眼中的爱就是被心爱的男人疼，被心爱的男人宠，在会疼会宠的男人面前，女人宛若一只乖巧的小猫，在不会疼不会宠的男人面前，女人很可能会变成一只竖刺的刺猬。**男人大都不喜欢河东狮吼的悍妇，但心理学家分析，女人的强悍霸道有时候是给男人逼出来的。如果她所依靠的是棵枝繁叶茂的参天大树，哪个女人不想小鸟依人？相反，如果这个男人不负责任，不守信用，不知道关心妻子疼爱妻子，小鸟依人瞬间就会变成河东狮吼。**

我认识一个女孩，婚前可谓娴静如花气质如兰，属于那种标准的窈窕淑女，可婚后不到两年，腰身也粗了，气质也俗了，脾气更是渐长，细问之下才知道，她老公是罪魁祸首。由于公司经营不善，她老公所在的公司大幅度减薪，男人受不了暂时的委屈，回到家就横挑鼻子竖挑眼，整天把老婆当出气筒。整整一年，她不仅未收到一枝玫瑰花和一件贴心的礼物，甚至连起码的关怀和问候也没有，天天面对的是冷眼和责怪。渐渐地，昔日那个柔情似水的淑女在岁月的风尘中消失了，取而代之的则是一个浑身带刺满腹牢骚的怨妇。

（二）绝大多数女人从小都有"灰姑娘情结"

你一定听说过灰姑娘的故事吧？贫穷的灰姑娘从小在恶毒的继母的虐待下长大，直到有一天，她遇上了一位高贵的王子，他把她从那个黑暗的世界里拯救了出来，给她穿上美丽的水晶鞋，带她走进华丽的宫殿，和她幸福地生活在了一起。**灰姑娘曾一度是西方世界女性励志的典范，吃苦耐劳、默默承受、心地善良。她唯一的希望就是遇见王子，从此麻雀变凤凰。灰姑娘这种寻求庇护的被动心理，被心理学家称为"灰姑娘情结"。**

绝大多数女人从小都有一个"灰姑娘情结"，因为人都是不完美的，也许是容貌，也许是气质，也许是学识，也许是境遇，总有自己不满意的地方，总有不自信的理由，便如灰姑娘一样，做点小小的白日梦，期望水晶鞋从天而降，期待一个英俊的王子向她走来。文学作品《简·爱》、电影作品《漂亮女人》之所以在女性读者和女性观众中赢得知音无数，就在于它们都无一例外契合了女人内心深处潜藏的"灰姑娘情结"。这是一个从小在家庭中处于低下地位的小女孩情结，这又是一个丑小鸭渴望变成白天鹅的强烈情结。

自从格林童话诞生以来，"灰姑娘情结"激发了无数女性奋斗的动力，也缔造了无数"水晶鞋与玫瑰花"的爱情神话。

其实，这种**"灰姑娘情结"也在一定程度上反映了女性天生柔弱的心理：渴望被爱，被呵护。在女性的潜意识里，似乎都想成为童话故事里那个永远长不大的小红帽，哪怕这种情愫只是一厢**

情愿。所不同的只是量的差异，而没有质的区别。女人，不管多少岁，在自己心爱的男人面前都想当个纯情的小女孩。 在这种由自己一手编织的梦幻中，女孩子的虚荣心得到了空前的满足，"灰姑娘情结"获得了最大值的释放，仿佛穿上了红舞鞋在金碧辉煌的皇宫里翩翩起舞。而一旦那个与理想非常接近的男人出现在她眼前，未经世事、满怀天真的女人像被催眠一样，瞬间进入了那个演练过无数次的梦境。她开始想象，在没有爱情的日子里，她的天空是多么阴暗，她的世界是多么缺乏温暖，周围的人对她是多么冷漠，只有眼前的这位白马王子让她重获新生让她焕然一新。他的成熟、优雅和从容让她迷恋，他的胸怀、阅历和安全让她陶醉，一夜之间，她从一个不惹人注意的"灰姑娘"变成光彩夺目的"白雪公主"。

在《儿子与情人》这部小说中，英国作家劳伦斯就淋漓尽致地描写了女主人公米丽安的"灰姑娘情结"："这姑娘富于幻想，她想象着到处都有瓦尔特·司各特（英国18世纪著名小说家）笔下的女主人公，受到头戴钢盔或帽簪羽毛的人们的爱慕，她想象着自己原来就是一个公主一样的人物，沦落为一个卑贱的姑娘。而且她见了保罗（故事的男主人公）也害怕，不管怎么说，他长得有点像瓦尔特·司各特笔下的主人公，他既会画画，又会说法语，懂得代数，他还每天乘火车去诺丁汉，她唯恐他会把她当成卑贱的姑娘，看不出她金枝玉叶的本来面目，因此她总对他敬而远之。"

男人只有深深理解女人这种潜藏深处、不为人知的"灰姑娘情结"，才会最大限度地读懂女人心。

归根结底，女人天生注重情调、向往温馨、追求浪漫，都是最大限度地满足内心深处的灰姑娘情结。有人说，女人眼中的爱情，就是沉浸在自我的王国中，自编自导自演的一出情感大戏。在如意郎君出现之前，这出戏已经悄然在她心中上演，只不过是独角戏，而且是自娱自乐，自我陶醉。但这出戏需要知音的加入，需要观众的喝彩，此时，如果有她钟情的男人不经意地闯入戏中，她将迫不及待地"与郎共舞"。她一方面需要他参与其中，另一方面还如饥似渴地等待他的恭维和赞美。因此，他适时地哄她、宠她将使她干涸的心灵获得极大的满足，这就像一个舞台上光芒万丈的演员得到观众的疯狂崇拜一样兴奋不已。

2014年年初，一部叫《来自星星的你》的韩剧瞬间火遍亚洲，原因无他，男主角都敏俊教授太有魅力了。此人不仅个子高挑，长着一张无比帅酷的脸，总是穿着最笔挺的西装和风衣，而且家财万贯，是一个博览群书，记忆超群，甚至会打斗、会断案、具备地球人尚不具备的各种超能力的外星人。更离奇的是此超级男神活了400年从未恋爱，只对女主角千颂伊痴情，专一无比！

都教授一出，谁与争锋？不少专家分析，《来自星星的你》的大热跟都教授的天神下凡息息相关。因为他满足了广大女同胞对于完美男人的全部想象和极大期待：像父亲般的隐忍守护，如母亲般的深情注视，宛若灵魂伴侣般的理解包容！这位来自星星的教授几乎让地球上的男人无一幸免地自动降格为广大女性心中次等的择偶对象——在这位无所不能且深情款款的超级男神映衬下：高富帅怎么样？长腿欧巴又如何？就像剧中爱慕千颂伊的那位同样帅气逼人的富二代都退居备胎的位置。难怪有一种观点竟如此深入人心：

《来自星星的你》可能是迄今为止中国女性观众看到的最激动人心的"言情大片"。它深刻揭示出一个亘古不变的真理：女人再优秀、再能干、再强大，心理上始终摆脱不了弱者心态，她们需要一个无所不能、无怨无悔、无条件对你好的男人来抚慰自己永远脆弱的心灵，而来自外星的都教授彻底满足了女人们的白日梦。

（三）男人的哄是女人最好的化妆品

女人需要哄，需要疼，受宠的女人是幸福的，尤其是被自己心爱的人宠更是一种幸福。我们常说，**沐浴在爱河中的女人最美丽，那是因为男人的哄是女人最好的化妆品，如果没有男人发自心底的疼爱，没有男人真心实意的哄，没有男人甜言蜜语的滋润，女人即使用再昂贵的化妆品也不会光彩照人**。也许她的外表光鲜亮丽，但你还是可以从她的眼神中读到一份孤寂，一丝落寞。

现在有很多女人越来越独立，越来越强悍，她们拒绝男人的施舍，拒绝男人的诱惑。可是她们并不幸福，她们大都外表坚强，内心脆弱，脸上欢笑，私下憔悴，其实她们同样需要男人的哄和疼爱。一个长年单身的女老板告诉我：她选择单身是无奈的结果，所谓女强人都是你们男人给逼出来的，没人疼没人爱，只好靠自己爱自己了。

是啊，**一段美好的感情，一个体贴的男人能把一个大女人瞬间变成小女人，一段失败的婚姻，一个不靠谱的男人也会把一个小女人很快变成大女人**。前面提到，每个女人心中都开着一朵寂寞女人花,她渴望男人的施肥,渴望男人的浇灌,试问天下哪个女人不想躺在温暖坚实的怀抱里安稳地睡去?哪个女人不想自己那颗孤独的心不再流浪?女人天生是筑巢动物,需要爱,需要亲密的情感,需要一个温暖的家!野生动物们就请你们拿出百倍的热情来疼她们、哄她们吧!

那么,一个成熟的男人应该如何疼爱与呵护自己的女人,让她最大限度地感受到你的爱意呢?

一是要学会倾听她的心声,别老心不在焉,当她想告诉你她的感受时,不要随意打断她,让她一吐为快,不要不理会她的感受,哪怕它听起来多么不合逻辑。在两性交流中,男人的倾听是最重要的一门基础课,只有认真地倾听,女人才会感受到来自心上人的温暖和关怀。

二是要经常跟她保持交流,不要一进家门就拿起报纸,打开电视,要时不时跟她聊聊你单位的情形,工作中遇到的困难,社交场合你碰到的各种人,说不定她还会帮你出谋划策呢。不要总是当她是透明人,记住,女人总是受到冷落,她就会视你和全世界为敌。

三是心要细一点,爱要浓一些。要记住两个人交往中比较重要的日子,比如她的生日,相识纪念日,结婚纪念日等,在关键的时刻要学会给她创造惊喜。

四是不要总是简单地将她当成老婆,而要适当地把她看作情人。偶尔出去远行一番,偶尔烛光晚餐一次,会让你们过于平静的婚姻生活泛起一丝爱的涟漪。不要总是吝啬"我爱你"那三个字,时不时说出来,会让她觉得自己就像沐浴在爱河中的白雪公主一样幸福。

五是要适当放下大男人的架子，偶尔展现小男人的风采。比如周末到了，主动提出陪她上街购物，看到她在厨房里忙这忙那，不要袖手旁观，此刻她也需要你的热情参与，隔三岔五地展示一下你的厨艺会让你更具男性的魅力。

六是要经常夸奖她，时刻注意她。女人需要被疼爱，被重视，被赞美。男女相处，需要掌握赞美的艺术。尤其当她换了个新发型，买了件新衣服，更急切地渴望你的注目礼，你的祝酒歌。

七是要宽宏大度，不要斤斤计较。当你们发生争吵时，要学会忍让，不管谁对谁错，要主动道歉，要积极示好。记住，无论何时何地，男人的宽容是化解女人怨气最好的招数。

男人要时刻谨记：**幸福的女人都是男人"疼"出来的，女人只有充分感受到来自心上人的疼爱和关怀，她才会给予对方更多的尊重和认可。什么才是男女和谐相处之道：就是你给我爱一分，我就还你一分尊重，你把全世界给我，我就把整个宇宙都奉献给你。**